Jugend in der Zivilgesellschaft

Sibylle Picot

Jugend in der Zivilgesellschaft

Freiwilliges Engagement Jugendlicher im Wandel

| Verlag BertelsmannStiftung

Bibliografische Information der Deutschen Nationalbibliothek

Die Deutsche Nationalbibliothek verzeichnet diese Publikation in der Deutschen Nationalbibliografie; detaillierte bibliografische Daten sind im Internet unter http://dnb.d-nb.de abrufbar.

© 2012 Verlag Bertelsmann Stiftung, Gütersloh
Verantwortlich: Sigrid Meinhold-Henschel
Lektorat: Eva Herrmann, Haibach
Herstellung: Sabine Reimann
Umschlaggestaltung: Nadine Humann
Umschlagabbildung: Veit Mette, Bielefeld
Satz und Druck: Hans Kock Buch- und Offsetdruck GmbH, Bielefeld
ISBN 978-3-86793-430-5

www.bertelsmann-stiftung.de/verlag

Inhalt

Vorwort 7

Einleitung 11

1 Aktivität und freiwilliges Engagement Jugendlicher im Zeitverlauf 17
   1.1 Geringfügiger Rückgang des freiwilligen Engagements 18
   1.2 Zunehmende Bereitschaft zum Engagement 23
   1.3 Weniger Zeit für Engagement 25

2 Wo und wie engagieren sich Jugendliche? 35
   2.1 Tätigkeitsfelder und Inhalte jugendlichen Engagements 35
   2.2 Anforderungen und der Erwerb von Fähigkeiten 42
   2.3 Rolle des Internets für freiwilliges Engagement 47
   2.4 Engagementprofile: jugendliche Engagierte nach Tätigkeitsfeldern 52

3 Engagement und Lebenslagen Jugendlicher im Wandel 69
   3.1 Engagement in der Zeitkonkurrenz zu Ausbildung und Beruf 69
   3.2 Engagement nach Bildungsstatus: schichtspezifische Selektion 75

3.3	Jugend mit Migrationshintergrund: Engagement und Integration	79
3.4	Junge Frauen – junge Männer: Engagement und Lebensplanung	83
3.5	Zunehmende Mobilität und die Folgen	87

4 Erklärungsfaktoren für Engagement im Zusammenhang gesehen 93

5 Motivation und Wertehintergrund des Engagements Jugendlicher 101

5.1	Veränderte Erwartungen an das Engagement	101
5.2	Zum Wertewandel Jugendlicher	106
5.3	Wertetypen und freiwilliges Engagement	112
5.4	Nicht aktive und nicht zum Engagement bereite Jugendliche und ihre Werte	123
5.5	Wo und warum man sich engagiert – je nach Wertetyp	126

6 Strukturen des Engagements Jugendlicher 131

6.1	Organisationsformen: formelle versus informelle Strukturen?	132
6.2	Vereins- und Organisationsmitgliedschaften Jugendlicher	140
6.3	Organisatorische Rahmenbedingungen und Verbesserungswünsche	150
6.4	Anstoß zum Engagement – auch durch die Schule	161

Zusammenfassung 169

Literatur 177

Vorwort

Teilhabe und Zugangsgerechtigkeit, Eigeninitiative und gesellschaftliche Verantwortung – diese Begriffe prägen zunehmend die öffentliche Debatte. Menschen unabhängig von ihrer sozialen und ethnischen Herkunft zivilgesellschaftliches Engagement und politische Partizipation zu ermöglichen, ist eine der zentralen Bedingungen für die positive Entwicklung unserer Gesellschaft.

Wesentliche Kompetenzen, Werteorientierungen und Vertrauen zur Demokratie werden in jungen Jahren aufgebaut. Wer sich bereits früh im Leben freiwillig engagiert hat, wird dies mit einer hohen Wahrscheinlichkeit auch in späteren Lebensphasen tun. Daher kommt der Gewinnung junger Menschen für die verantwortliche Mitgestaltung der Zivilgesellschaft eine hohe Bedeutung zu.

Vor diesem Hintergrund engagiert sich die Bertelsmann Stiftung seit Langem für die Förderung des Engagements junger Menschen. Dabei setzen wir – neben dem Auf- und Ausbau von Engagementstrukturen in modellhaften Projekten – auf die Qualifikation und Sensibilisierung von Multiplikatoren, den Transfer guter Praxis sowie auf die Information und direkte Ansprache von Jugendlichen.

Eine wichtige Komponente in der Förderung des jugendlichen Engagements ist die Unterstützung empirischer Forschung. Wissenschaftliche Studien helfen, gesellschaftliche Entwicklungen frühzeitig zu erkennen und wirksame Handlungsansätze zu identifizieren. Aus diesem Grund haben wir eine Sonderauswertung der Daten des vom Bundesministerium für Familien, Senioren, Frauen und Jugend initiierten dritten Freiwilligensurveys beauftragt und dazu in der Erhebungsphase eine Aufstockung der Stichprobe um 1.000 Befragte in der Altersgruppe der 14- bis 24-Jährigen veranlasst. Die Rückmeldungen von über 2.800 jungen Menschen ermöglichten es, das jugendliche Engagement vertiefend zu analysieren. Die nun vorliegende Langfassung der Studie »Jugend in der Zivilgesellschaft« bündelt die Forschungsergebnisse.

Unser besonderer Dank gilt Sibylle Picot, die die wissenschaftliche Federführung der Studie übernommen und – unterstützt von TNS Infratest Sozialforschung – den vorliegenden Bericht erstellt hat.

Die Befunde des Berichts sind erfreulich und stimmen gleichzeitig nachdenklich: Auf der einen Seite gibt es eine große Zahl aktiver und engagierter Jugendlicher in unserem Land sowie eine wachsende Bereitschaft von Jugendlichen, sich einzubringen. Engagement hat einen wichtigen Stellenwert im Leben vieler Jugendlicher. Sie wollen mitmachen und beteiligen sich daran, unsere Gesellschaft lebenswert zu gestalten.

Auf der anderen Seite lenkt der Bericht unseren Blick jedoch auch auf Dynamiken, die Anlass zur Sorge geben und ein Gegensteuern verlangen: Entgegen dem gesamtgesellschaftlichen Trend nahm die Zahl der engagierten Jugendlichen ab und liegt nun, wenn auch nur gering, unter dem Durchschnitt der Bevölkerung. Auch verwenden Jugendliche weniger Zeit auf ihr Engagement.

Besorgniserregend ist die zunehmende Ausgrenzung bildungsbenachteiligter Jugendlicher. Die fehlende gesellschaftliche Einbindung von Jugendlichen mit schlechten Bildungsvoraussetzungen ist Ausdruck eines sozialen Auseinanderdriftens unserer Gesellschaft. Kinder und Jugendliche aus wohlhabenden und akademisch geprägten Elternhäusern besuchen in der Regel Gymnasien, junge Menschen aus sozial schwachen Familien und Jugendliche mit Migrationshintergrund vielfach Haupt-, Real- oder Sekundarschulen. Wer das Gymnasium besucht, hat offensichtlich leichter Zugang zu zivilgesellschaftlichen Strukturen, engagiert sich häufig und profitiert durch Kompetenzerwerb sowie gesellschaftliche Gestaltungsmöglichkeiten. Sozial benachteiligten Kindern und Jugendlichen bleiben diese

Chancen viel zu oft verschlossen. Diese Ausgrenzung verstärkt ihre ohnehin schlechte Ausgangslage.

Als Seismograf sich abzeichnender Entwicklungen zeigt der Bericht Handlungsbedarf auf. Eine funktionierende Demokratie und eine starke Zivilgesellschaft müssen Kindern und Jugendlichen unabhängig von Herkunft und Bildungsstand die Möglichkeit zu gesellschaftlicher Teilhabe eröffnen. Um diesen Anspruch einzulösen, bedarf es der Anstrengung aller: Akteure des Bildungsbereiches, der Kinder- und Jugendhilfe sowie aus Politik, Verwaltung und dem gemeinnützigen Sektor müssen gemeinsam neue Wege gehen. Die Studie »Jugend in der Zivilgesellschaft« gibt dabei wichtige Hinweise, wie das Engagement von Kindern und Jugendlichen wirksam gefördert werden kann.

Bettina Windau
Director
Programm
»Zukunft der Zivilgesellschaft«

Sigrid Meinhold-Henschel
Senior Project Manager
Leitung des Projekts
»jungbewegt – Dein Einsatz zählt.«

Einleitung

Zu dieser Untersuchung

Der hier vorgelegte Bericht im Auftrag der Bertelsmann Stiftung beruht auf einer Sonderauswertung von Daten des Freiwilligensurveys. Diese groß angelegte, repräsentative Umfrage wurde nach 1999 und 2004 im Jahr 2009 zum dritten Mal durchgeführt. Auftraggeber war das Bundesministerium für Familie, Senioren, Frauen und Jugend, die Durchführung lag bei TNS Infratest Sozialforschung.

Die Gesamtstichprobe für den dritten Freiwilligensurvey umfasst 20.000 Interviews. Durch das Engagement der Bertelsmann Stiftung wurde eine Aufstockung der Stichprobe um 1.000 jugendliche Befragte im Alter von 14 bis 24 Jahren möglich.[1] Damit liegt für diese Altersgruppe eine umfangreiche und belastbare Stichprobe von 2.815 Jugendlichen vor. Auf dieser Datenbasis können auch für kleine Analysegruppen verlässliche Aussagen gemacht werden.[2]

Die Jugendauswertung wurde von der Autorin in Zusammenarbeit mit TNS Infratest Sozialforschung erstellt. Eine Kurzform der Auswertung, die sich auf die wichtigsten Trends konzentriert, ist auf der Homepage der Bertelsmann Stiftung veröffentlicht.[3] An dieser

---

1 Eine weitere Aufstockung ermöglichte der Generali Zukunftsfonds. Dadurch konnten zusätzlich 1.000 Personen ab 14 Jahre befragt werden, wodurch die Stichproben der kleinen Bundesländer aufgestockt wurden.
2 Eine ausführliche Methodenbeschreibung des Freiwilligensurveys findet sich im Hauptbericht des dritten Freiwilligensurveys. Vgl. Gensicke und Geiss 2010.
3 Vgl. Picot 2011: Jugend in der Zivilgesellschaft, Kurzbericht.

Stelle ist ausdrücklich für die gute Kooperation mit der Bertelsmann Stiftung und mit TNS Infratest Sozialforschung zu danken. Besonderer Dank gilt hier Sabine Geiss, die mit großem Sachverstand die Auswertung der Daten betreut hat. Thomas Gensicke sei gedankt für die kritische Durchsicht und viele Anregungen, besonders zum Wertekapitel.

Zum Thema

Jugend, diese dynamische Phase zwischen Kindheit und Erwachsensein, ist geprägt von Identitätssuche und grundlegenden Entwicklungsprozessen. Zentral ist dabei die Qualifikation im Bildungs- und Ausbildungssystem mit dem Ziel, eine selbstständige ökonomische Existenz aufbauen zu können. Jugendliche sind außerdem beansprucht von ganz persönlichen, wichtigen Entwicklungen und Anforderungen: z. B. soziale Netzwerke aufbauen, eine eigene Geschlechtsidentität ausbilden, eine Partnerschaft gründen, sich vom Elternhaus lösen, einen eigenen Lebensstil entwickeln.

Sie positionieren sich darüber hinaus mit wachsendem Alter zunehmend selbstständig in der Gesellschaft: als Bürger mit Rechten und Pflichten, als Wähler und nicht zuletzt als Akteure der Zivilgesellschaft. Als solche machen sie einen Schritt hinaus aus der reinen Privatheit in den öffentlichen Raum, werden aktiv in Gruppierungen und Organisationen und übernehmen dort Aufgaben im Sinne eines bürgerschaftlichen oder freiwilligen Engagements. Dieser Kontext ist individuell von großer Bedeutung, denn hier werden wichtige Kompetenzen erworben – solche, die man nicht in der Familie und nicht in Schulen und anderen Ausbildungseinrichtungen mitbekommt. Zivilgesellschaftliches Handeln geht dabei über die eigenen, partikularen Interessen hinaus und dient in teils durchaus vermittelnder Weise letztlich dem Gemeinwohl. Anders gesagt: »In den zivilgesellschaftlichen Räumen entsteht eine Praxis des Engagements jenseits privater Interessen und Bindungen, die auf das Gemeinwesen bezogen ist und diese in sozialen Netzwerken immer wieder neu belebt.«[4] Die Zivilgesellschaft ist auf den Input junger Akteure besonders angewiesen – und umso mehr in einer alternden Gesellschaft –, denn sie sollen Träger neuer Entwicklungen und Anstoßgeber für neue Ideen sein. Ob die Gesellschaft ihnen hierfür die nötigen zeitlichen und Gestaltungsspielräume gibt, ist immer wieder zu thematisieren.

Der Frage, wie stark Jugendliche ihre Rolle in der Zivilgesellschaft wahrnehmen, gilt diese Auswertung der Daten des Freiwilligensurveys speziell für die Altersgruppe der 14- bis 24-Jährigen. Mit den Ergebnissen des dritten Freiwilligensurveys kann man nunmehr eine Dekade der gesellschaftlichen Aktivität und des Engagements Jugendlicher in den Blick nehmen.

Zur Begrifflichkeit und zum Fragenkonzept des Freiwilligensurveys

Als man sich Ende der 90er Jahre in Deutschland daranmachte, ein umfragegestütztes Informationssystem zu entwickeln, das verlässliche Daten zum Engagement der Bürger in der Zivilgesellschaft vorlegen sollte, und über die Konzeption der geplanten repräsentativen Befragung nachdachte, war der hauptsächlich verwendete Begriff noch der des Ehrenamts. Man erkannte jedoch, dass die Verwendung dieses Begriffs im Fragenkonzept der geplanten Untersuchung eine Einengung des Forschungsgegenstandes bedeutet hätte. Der Begriff ist zwar eingeführt und beliebt, er wird heute sogar vermehrt wieder benutzt, allerdings ist er mit einem bestimmten Vorverständnis behaftet.[5] Er wird mit einem Amt assoziiert bzw. mit einer Funktion, für die man zumeist gewählt wird, und dies in einem fest umschriebenen organisatorischen Kontext. Um das ganze Feld zivilgesellschaftlichen Handelns abzubilden, das sich auch auf lockere Formen

---

4   Klein 2001: 261.
5   1999 wählten 32 Prozent aller Engagierten den Begriff »Ehrenamt« für ihre freiwillige Tätigkeit, 2009 waren es 35 Prozent. Zum Selbstverständnis und zu den von den Engagierten bevorzugten Begriffen vgl. Teil B des Hauptberichts zum dritten Freiwilligensurvey in Gensicke und Geiss 2010.

der Organisation, auf Initiativen, Projekte, selbst organisierte Gruppen und Selbsthilfegruppen erstreckt und auch zeitweiliges oder unregelmäßiges Engagement umfasst, scheint der Begriff des Ehrenamts als zentraler oder alleiniger Begriff ungeeignet. Das gilt besonders für das Engagement Jugendlicher, bei dem man als Hypothese schon damals davon ausging, dass es eher in lockeren, spontanen Organisationsformen stattfände.

Der in den Sozialwissenschaften gebräuchliche Begriff des bürgerschaftlichen Engagements schien eine gute Alternative zu sein. Darunter versteht man ein individuelles Handeln, »das sich durch Freiwilligkeit, fehlende persönliche materielle Gewinnabsicht und eine Ausrichtung auf das Gemeinwohl auszeichnet«.[6] Diese Definition beschreibt in der Tat zutreffend den Untersuchungsgegenstand des Freiwilligensurveys und dennoch wird hier ein anderer Begriff verwendet, der des freiwilligen Engagements. Der Begriff des bürgerschaftlichen Engagements wurde und wird zu stark mit politischem und gesellschaftlichem Engagement verbunden oder genauer mit der politischen Partizipation, Demokratiewahrnehmung und -stärkung«.[7] Freiwilliges Engagement erschien, als man sich für das Begriffs- und Fragenkonzept des Freiwilligensurveys entschied, als der am wenigsten mit einem einengenden Vorverständnis belastete Begriff, der überdies die Brücke zum international üblichen »volunteering« schlug.[8] In den Fragetexten des Freiwilligensurveys wird allerdings zusätzlich an verschiedenen Stellen zum besseren Verständnis auch der Begriff des ehrenamtlichen Engagements verwendet, aber immer darauf geachtet, dass dies nicht die einzige begriffliche Assoziation darstellt.

Um den vielfältigen, komplexen Forschungsgegenstand »freiwilliges Engagement« angemessen abbilden zu können, wurde im Freiwilligensurvey ein umfangreiches Fragenkonzept entwickelt. Man nähert sich dem freiwilligen Engagement in einem zweistufigen Ver-

---

6 Priller 2011: 13.
7 Ebenda.
8 Vgl. Rosenbladt 2001.

fahren. Dabei geht es zunächst um den Schritt aus der Privatheit in den öffentlichen Kontext. Den Befragten wird die Frage gestellt:

> »Es gibt ja vielfältige Möglichkeiten, außerhalb von Beruf und Familie irgendwo mitzumachen, beispielsweise in einem Verein, einer Initiative, einem Projekt oder einer Selbsthilfegruppe. Ich nenne Ihnen verschiedene Bereiche, die dafür infrage kommen. Bitte sagen Sie mir, ob Sie sich in einem oder mehreren dieser Bereiche aktiv beteiligen.«

Den Befragten werden 14 Bereiche vorgelesen und jeweils gefragt, ob man sich hier aktiv beteiligt. Auf diese Weise identifiziert man Personen, die im Sport, in einer Theater- oder Musikgruppe, in der Schülervertretung, in einer Naturschutzgruppe etc. aktiv sind. Die so Aktiven werden »öffentlich Aktive« genannt, da sie in einem öffentlich zugänglichen Kontext aktiv sind und nicht als reine Privatpersonen.

Aus dieser Gruppe werden dann mit einer weiteren Frage diejenigen ermittelt, die über das reine Mitmachen hinaus, also z.B. das Fußballspielen in einem Verein, dort unentgeltlich Aufgaben übernommen haben, etwa als Übungsleiter oder Sportwart. Diese Personen werden im Freiwilligensurvey als »freiwillig Engagierte« bezeichnet. Die Frage lautet:

> »Uns interessiert nun, ob Sie in den Bereichen, in denen Sie aktiv sind, auch ehrenamtliche Tätigkeiten ausüben oder in Vereinen, Initiativen, Projekten oder Selbsthilfegruppen engagiert sind. Es geht um freiwillig übernommene Aufgaben und Arbeiten, die man unbezahlt oder gegen geringe Aufwandsentschädigung ausübt.«

Dann wird der Befragte zu den Bereichen, in denen er aktiv ist, jeweils gefragt:

> »Sie sagten, Sie sind im Bereich (Sport und Bewegung) aktiv. Haben Sie derzeit in diesem Bereich auch Aufgaben und Arbeiten übernommen, die Sie freiwillig oder ehrenamtlich ausüben?«

Im ersten Schritt also wird die Bevölkerung in Aktive und Nicht-Aktive unterschieden. Im zweiten Schritt teilt sich die Gruppe der Aktiven in Nur-Aktive ohne freiwilliges Engagement und in Aktive mit freiwilligem Engagement, also freiwillig Engagierte. Sie geben im Weiteren Auskunft über die von ihnen übernommenen Tätigkeiten. Da manche Befragte sich in verschiedenen Bereichen engagieren bzw. mehrere Aufgaben haben, bittet man sie, die zeitaufwändigste Tätigkeit zu benennen, und zu dieser Tätigkeit werden sie besonders ausführlich befragt. Die Befragten müssen in zwei offenen Fragen den organisatorischen Kontext ihres Engagements und die konkrete Aufgabe, die sie übernommen haben, benennen. Das gibt der Studie im Unterschied zu vielen anderen Befragungen quasi die Erdung, die unerlässlich ist, wenn es um das Erfassen eines sozial erwünschten Verhaltens geht.[9]

---

9 Für die Erfassung des ehrenamtlichen oder freiwilligen Engagements werden in der Sozialforschung verschiedene Messkonzepte verwendet, die zu unterschiedlichen Ergebnissen kommen. Zu den Stärken und Schwächen der wichtigsten Konzepte vgl. Picot und Geiss 2007.

1 Aktivität und freiwilliges Engagement Jugendlicher im Zeitverlauf

Als die Ergebnisse des ersten Freiwilligensurveys 1999 vorlagen, enthielten sie im Hinblick auf das freiwillige Engagement Jugendlicher eine positive Nachricht. Jugendliche stellten sich zunächst einmal als die aktivste Altersgruppe heraus im Sinne des Mitmachens in Sportvereinen, in Musikgruppen, in der Schülermitverwaltung in Jugendgruppen von Kirchen und Jugendverbänden, in anderen Gruppen, Projekten und Initiativen. Darüber hinaus hatten sie, verglichen mit der Bevölkerung insgesamt, dort überdurchschnittlich oft Aufgaben im Sinne eines freiwilligen Engagements übernommen. Das erstaunte damals, hatten doch die Vereine und die Verbände über zurückgehende Mitgliederzahlen geklagt und Sozialwissenschaftler gerade bei Jugendlichen eine Abwendung vom Ehrenamt in seiner traditionellen Form, also eine Krise des Ehrenamts vermutet. Flankiert wurden die pessimistischen Einschätzungen von einer öffentlichen Diskussion, die eine Jugend skizzierte, die sich vorwiegend dem Spaß und im Zuge eines zunehmenden Individualismus ihren eigenen Interessen verschrieb. Und hier nun eine Jugend, die sehr stark öffentlich aktiv war und sich – vielleicht nicht stärker als die besonders engagierten mittleren Altersgruppen, aber deutlich mehr als die älteren Mitbürger – freiwillig engagierte!

2004 wurde der zweite Freiwilligensurvey durchgeführt. Der minimale Rückgang des Engagements Jugendlicher (innerhalb der statistischen Fehlertoleranz) wurde eher im Sinne der Stabilität interpretiert. Andere Zahlen unterstützten diese Sichtweise: Die öffentliche Aktivität Jugendlicher hatte leicht zugenommen, die Bereitschaft zum Engagement war gestiegen und jugendliche Engagierte bewerteten ihr Engagement zunehmend als wichtig, ja sogar sehr wichtig für sich persönlich. Gleichzeitig hatte zwischen 1999 und 2004 allerdings das Engagement insbesondere in den älteren Bevölkerungsgruppen starken Zuwachs erfahren. Insofern entsprach alles in allem gesehen das ehemals überdurchschnittliche Engagement der Jugendlichen »nur noch« dem Durchschnitt der Bevölkerung.

Wie sich nun anhand der Daten des dritten Freiwilligensurveys von 2009 zeigt, hat sich diese Entwicklung fortgesetzt. Erneut ging das freiwillige Engagement der 14- bis 24-Jährigen um einen Prozentpunkt zurück und die Zahl der zwar aktiven, aber nicht engagierten Jugendlichen nahm leicht zu. Verglichen mit der Bevölkerung insgesamt liegt der Anteil der engagierten Jugendlichen nun leicht unter dem Durchschnitt, denn das freiwillige Engagement nahm in nahezu allen anderen Altersgruppen zu. Hier zeichnet sich keineswegs eine besorgniserregende Entwicklung ab, aber doch eine Entwicklung, die im Folgenden genauer untersucht werden soll.

1.1 Geringfügiger Rückgang des freiwilligen Engagements

Abbildung 1 zeigt den geringfügigen Rückgang des freiwilligen Engagements bei 14- bis 24-Jährigen, während der Anteil der aktiven Jugendlichen zunahm, die zwar in einem öffentlichen Kontext mitmachen, dort aber keine freiwillige Tätigkeit übernommen haben. Insgesamt erreicht der Anteil der Aktiven (mit und ohne Engagement) 2009 seinen bisher höchsten Stand und nur 23 Prozent der Jugendlichen sind nicht aktiv.

Die jüngste Altersgruppe, die der 14- bis 19-Jährigen, ist insgesamt am stärksten in öffentliche Aktivitäten eingebunden, also macht mit in Sport, Kultur und Musik, in Schule und außerschulischen Jugendgruppen oder in einem anderen Tätigkeitsfeld. Hier sind nur 17 Prozent nicht aktiv. Der Anteil der Nur-Aktiven hat seit 1999 in dieser jüngsten Gruppe sogar noch deutlich zugenommen, aber es gibt einen geringfügigen Rückgang beim Anteil der freiwillig Engagier-

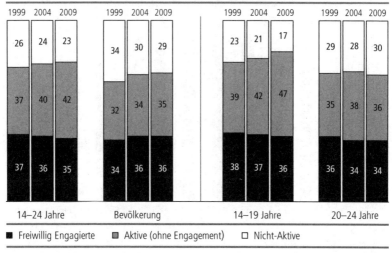

Abbildung 1: Aktivität und freiwilliges Engagement im Zeitverlauf

Bevölkerung ab 14 Jahren (Angaben in %)
Quelle: Picot – Sozialwissenschaftliche Projekte und TNS Infratest Sozialforschung

ten. Dieser bleibt aber etwas höher als bei den 20- bis 24-Jährigen, wo die Engagementquote ebenfalls zurückging. Sie ist besonders niedrig bei den weiblichen Jugendlichen dieses Alters, worauf später noch eingegangen wird. In dieser Altersgruppe ist aber seit 2004 auch die Aktivität leicht rückläufig und es sind 2009 sogar 30 Prozent der älteren Jugendlichen nicht aktiv, womit der Unterschied zu den jüngeren doch beträchtlich ist.

Abbildung 2 zeigt, wie sich der Anteil der freiwillig Engagierten in 13 Altersgruppen im Verlauf von zehn Jahren entwickelt hat. Während in den beiden jüngsten Altersgruppen das Engagement leicht zurückging, nahm es in nahezu allen anderen Altersgruppen zum Teil sogar deutlich zu. Ganz besonders sind es die älteren Menschen zwischen 60 und 74 Jahren, die sich vermehrt engagieren, und darunter ist die Zunahme der Engagementquote bei den 65- bis 69-Jährigen besonders eindrucksvoll. Dies ist, wie im Hauptbericht zum dritten Freiwilligensurvey gezeigt wird, auf einen Kohorten- bzw. Gene-

Abbildung 2: Freiwillig Engagierte nach 13 Altersgruppen

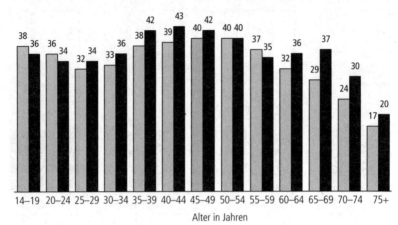

Alter in Jahren
Fehlende zu 100 %: Aktive (ohne Engagement), Nicht-Aktive

☐ 1999 ■ 2009

Bevölkerung ab 14 Jahren (Angaben in %)

Quelle: Picot – Sozialwissenschaftliche Projekte und TNS Infratest Sozialforschung

rationeneffekt zurückzuführen.[10] Es sind die durch die 68er-Zeit geprägten Menschen, eine immer schon sehr engagierte Generation, die jetzt in die Jahre kommen und noch bürgerschaftlich aktiv sein wollen.

Aber auch bei den mittleren Altersgruppen, den 35- bis 39- und den 40- bis 44-Jährigen, kann man eine deutliche Zunahme des Engagements verzeichnen. Dieses basiert häufig auf vermehrtem Engagement von Eltern in Bereichen, in denen ihre Kinder aktiv sind. In der Gesamtschau wird klar, dass Jugendliche in ihrem Engagement inzwischen von verschiedenen Altersgruppen eingeholt oder übertroffen werden. Hier wird kein Wettbewerb ausgelobt, aber es ist doch erwähnenswert, dass die Relationen sich verschoben haben. Das ist in die Bewertung der Entwicklung bei den Jugendlichen einzubeziehen und vor diesem Hintergrund gewinnt der geringfügige Rückgang des Enga-

---

10 Vgl. Gensicke und Geiss 2010: Teil B, 6.2.

Abbildung 3: Aktivität und freiwilliges Engagement junger Menschen in West und Ost

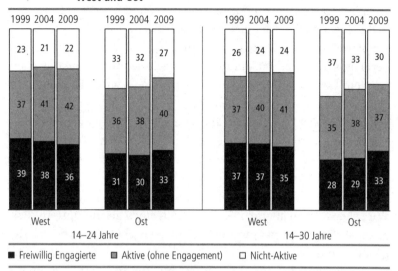

Junge Menschen 14 bis 30 Jahre (Angaben in %)
Quelle: Picot – Sozialwissenschaftliche Projekte und TNS Infratest Sozialforschung

gements bei Jugendlichen erst an Bedeutung, weil er gegen den Trend erfolgt.

Die Entwicklung des freiwilligen Engagements Jugendlicher verläuft in West und Ost unterschiedlich (siehe Abb. 3).[11] Während das bisher deutlich höhere Engagement in den westdeutschen Bundesländern insgesamt zurückgeht, nimmt es in den ostdeutschen Bundesländern zu. Diese Tendenz ist bei den 14- bis 30-Jährigen noch deutlicher zu sehen (Zunahme seit 1999 um 5 Prozentpunkte) als bei den 14- bis 24-Jährigen (Zunahme um 2 Prozentpunkte). Bei den 14- bis 24-Jährigen in Westdeutschland hat das freiwillige Engagement dagegen sichtlich abgenommen. Auch das bringt die Engagementquoten einander näher.

---

11 Abweichungen von einem Prozentpunkt zu 100 Prozent werden hier und in allen weiteren Grafiken und Tabellen als Rundungsfehler toleriert.

Wichtig ist, dass in den neuen Bundesländern insgesamt die Aktivität Jugendlicher zugenommen hat, also der Anteil derer, die mitmachen in Vereinen, Institutionen, Initiativen und Gruppen. Es werden mehr Jugendliche von den zivilgesellschaftlichen Strukturen erreicht, weil diese im letzten Jahrzehnt ausgebaut wurden. Man denke besonders an Vereinsstrukturen, die nach der Wende erst etabliert wurden. Der in den westlichen Bundesländern zu notierende Rückgang des Engagements gerade bei den jüngeren Befragten dürfte besonders mit strukturellen Veränderungen im Schulsystem, also der Umstellung auf das achtjährige Gymnasium und dem Trend zu ganztägigem Unterricht in Zusammenhang stehen, worauf später noch eingegangen wird.

Wir sehen alles in allem im Zeitvergleich einen geringfügigen Rückgang des Engagements Jugendlicher in Deutschland und bei den Jugendlichen unter 20 Jahren eine Zunahme der öffentlichen Aktivität ohne freiwilliges Engagement. Der leichte Rückgang im Engagement ist bedeutsam, weil er gegen den Trend in anderen Altersgruppen erfolgt. Jugendliches Engagement behält aber insgesamt im Vergleich mit anderen Altersgruppen einen hohen Stellenwert.

Wie wichtig es ist, dass dies zumindest so bleibt, kann Tabelle 1 veranschaulichen. Sie zeigt die besondere Bedeutung von Engagement im Jugendalter für die gesellschaftliche Teilhabe auch im Erwachsenenleben. Die Engagierten wurden im Freiwilligensurvey gefragt, wie alt sie waren, als sie »erstmals ein ehrenamtliches oder freiwilliges Engagement in Vereinen, Initiativen, Projekten oder Selbsthilfegruppen übernommen haben«. An der Antwortstruktur hat sich in den zehn Jahren zwischen dem ersten und dritten Survey kaum etwas geändert; daher beschränken wir uns hier auf die Angaben für 2009.

Die Engagierten steigen früh ins Engagement ein. 12 Prozent der jugendlichen Engagierten haben sich schon im Kindesalter engagiert. Dabei waren die Mädchen den Jungen etwas voraus. Die Tabelle zeigt auch, dass knapp 30 Prozent aller Engagierten unter 16 Jahre alt waren, als sie sich erstmals engagierten. Gut die Hälfte aller Engagierten hat bis zum Alter von 20 Jahren ein ehrenamtliches oder freiwilliges

Tabelle 1: Alter bei erstmaligem freiwilligem Engagement, 2009

	Engagierte insgesamt	Engagierte 14–24 Jahre	Engagierte 14–24 Jahre	
			Männlich	Weiblich
6 bis unter 11 Jahre	5	12	10	14
11 bis unter 16 Jahre	24	57	52	62
16 bis unter 20 Jahre	22	28	34	21
20 bis unter 30 Jahre	20	4	4	3
30 bis unter 40 Jahre	15	–	–	–
40 bis unter 50 Jahre	7	–	–	–
50 Jahre und älter	6	–	–	–
Durchschnitt	23,9	14,0	14,5	13,7

Engagierte ab 14 Jahren (Angaben in %)

Engagement übernommen und weitere 20 Prozent waren zwischen 20 und 30 Jahre. Engagement im Kindes- und Jugendalter hat also besondere Bedeutung für die Zivilgesellschaft, denn es ist ganz offensichtlich vielfach der Ausgangspunkt von späterem Engagement.

1.2 Zunehmende Bereitschaft zum Engagement

Während das tatsächliche Engagement Jugendlicher geringfügig, aber kontinuierlich zurückging, äußerten andererseits viele nicht engagierte Jugendliche die Bereitschaft, sich zu engagieren (siehe Abbildung 4). Dieses Potenzial nahm sogar deutlich zu. Die per se schon positive Einstellung zum Engagement hat sich bei den Jugendlichen nochmals gesteigert und ist höher als in der Bevölkerung insgesamt. Am fehlenden Goodwill der Jugendlichen kann es daher nicht liegen, wenn das freiwillige Engagement stagniert bzw. leicht zurückgeht. Allerdings sprechen wir hier meist von eher unverbindlicher Bereitschaft zum Engagement, also von Befragten, die »vielleicht« dazu bereit wären, sich zu engagieren. Eine eventuelle Bereitschaft signalisieren 33 Prozent, ein eindeutiges Ja zum Engagement gibt es 2009 bei 16 Prozent der Jugendlichen. Je konkreter es um die Umsetzung der Bereitschaft geht, desto schwieriger wird es ganz offensichtlich. Das lässt vermuten, dass es objektive Hinderungsgründe geben muss. Diese

Abbildung 4: Freiwilliges Engagement und Bereitschaft zum freiwilligen Engagement

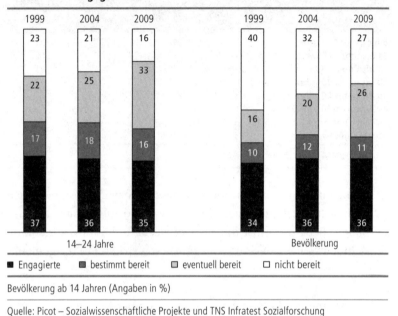

Bevölkerung ab 14 Jahren (Angaben in %)
Quelle: Picot – Sozialwissenschaftliche Projekte und TNS Infratest Sozialforschung

könnten z. B. in einer zunehmenden Zeitknappheit bei Jugendlichen liegen und diese Annahme wird in diesem Bericht weiterverfolgt.

Zugenommen hat nicht nur das Engagementpotenzial der bisher nicht engagierten Jugendlichen. Auch viele der bisher schon Engagierten in dieser Altersgruppe wären bereit zu stärkerem Engagement. Dies zeigt Abbildung 5.

Auf die Frage, ob sie »bereit und in der Lage« wären, ihr »ehrenamtliches und freiwilliges Engagement noch auszuweiten und weitere Aufgaben zu übernehmen, wenn sich etwas Interessantes bietet«, antworten 79 Prozent der 14- bis 19-jährigen Engagierten mit Ja. Der Anteil derer, die sich eine Ausweitung vorstellen können, ist in den letzten zehn Jahren deutlich gewachsen. Das gilt für alle Altersgruppen junger Menschen bis 30 Jahre – je jünger, desto mehr, denn die 25- bis 30-Jährigen sind schon stärker beruflich und familiär eingebunden. Im Vergleich zu den Engagierten insgesamt fällt ebenfalls auf, dass die Bereitschaft Jüngerer, sich vermehrt zu engagieren, erheblich höher ist. Nun sind jüngere Menschen sicher generell offener für interessante neue Möglichkeiten, wie sie in dieser Frageformulierung angesprochen werden. Man könnte aber auch fragen, ob jugendliche Engagierte denn in ihrem jetzigen Engagement genug gefördert werden und es interessant genug für sie ist. Diese Frage wäre an die Träger und die Verantwortlichen in den Organisationen zu richten, in denen freiwilliges Engagement stattfindet.

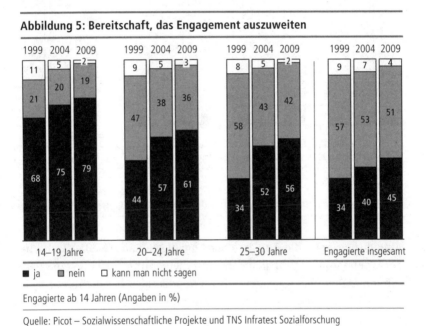

Abbildung 5: Bereitschaft, das Engagement auszuweiten

Engagierte ab 14 Jahren (Angaben in %)

Quelle: Picot – Sozialwissenschaftliche Projekte und TNS Infratest Sozialforschung

1.3 Weniger Zeit für Engagement

Festgestellt wurde also zwischen 1999 und 2009 ein leichter Rückgang des freiwilligen Engagements Jugendlicher, eine Entwicklung gegen den Bevölkerungstrend. Im gleichen Zeitraum hat die Bereitschaft, sich zu engagieren, zugenommen. Wenn also der gute Wille da ist, warum stagniert dann die Engagementquote? Ein Hinweis findet sich vielleicht, wenn man auf die engagierten Jugendlichen schaut. Sie verwenden inzwischen weniger Zeit auf ihr Engagement.

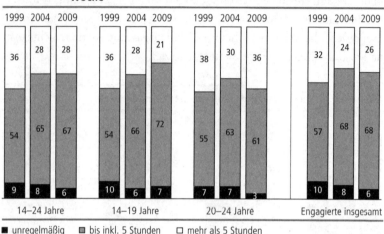

Abbildung 6 zeigt die Angaben der Engagierten zum Zeitaufwand in der Woche und bezieht sich dabei auf die gesamte Zeit, die eine Person auf freiwilliges Engagement verwendet, also bei mehreren freiwilligen Tätigkeiten auf die Summe der insgesamt eingesetzten Zeit. So erklären sich die relativ hohen Stundenangaben.[12]

---

12 In den Untersuchungen von 2004 und 2009 wurde bei dieser Frage eine andere Kategorisierung im unteren Stundenbereich verwendet als 1999. Damals wurde nur eine Kategorie (bis 5 Stunden) angegeben, in den neueren Studien wurde nach »bis 2 Stunden« und »3 bis 5 Stunden« gefragt. Möglicherweise sind dadurch die Angaben für den unteren Stundenbereich in den Folgebefragungen etwas höher. Die Daten von 1999 sind also nur eingeschränkt vergleichbar. Wir vertrauen jedoch der Gesamttendenz der Daten, die auch durch eine Reihe von weiteren Ergebnissen gestützt wird.

Im Zeitvergleich sieht man einen deutlichen Rückgang beim hohen Zeiteinsatz von mehr als fünf Stunden insbesondere in der jüngsten Befragtengruppe, den Engagierten im Alter von 14 bis 19 Jahren – das ist die Altersgruppe der Schüler. Die Zeit, die sie auf ihr Engagement verwenden, nahm kontinuierlich ab – auch noch einmal deutlich zwischen 2004 und 2009. Nun sind es nur noch 21 Prozent, die sich mehr als fünf Stunden pro Woche Zeit dafür nehmen. Bei den 20- bis 24-Jährigen und den Engagierten insgesamt ging der Anteil der Engagierten mit hohem Zeitaufkommen im Vergleich zu 1999 zurück und nahm dann wieder zu bzw. stabilisierte sich. Ein Abnehmen der auf das Engagement verwendeten Zeit ist also deutlicher bei den jüngeren Engagierten festzustellen.

Während die große Mehrheit der engagierten Jugendlichen nur eine freiwillige Tätigkeit ausübt, geben 12 Prozent aller Jugendlichen (das bedeutet 36 Prozent der engagierten Jugendlichen) mehr als eine Tätigkeit an. Deutlich zurückgegangen ist 2009 die Zahl der Jugendlichen mit zwei Tätigkeiten, aber die bisher sehr kleine Gruppe hochaktiver Jugendlicher mit drei und mehr Tätigkeiten ist gewachsen. Daher ist seit 2004 die Anzahl der Tätigkeiten im Durchschnitt gleich geblieben. 1,5 Tätigkeiten waren es im ersten Freiwilligensurvey und 2004 und 2009 lag die durchschnittliche Zahl bei 1,6 Tätigkeiten.[13]

Die Engagierten wurden an anderer Stelle im Fragebogen auch nach dem monatlichen Zeitaufwand für ihre erste oder bei vielen einzige Tätigkeit gefragt (siehe Tabelle 2). Bei den Engagierten mit mehreren Tätigkeiten ist die erste Tätigkeit als die zeitaufwändigste definiert. Wieder zeigen sich besonders bei den 14- bis 19-Jährigen eine gewisse Zunahme im unteren und eine Abnahme im oberen Stundenbereich. Das gilt auch für die Jugendlichen insgesamt, obwohl die Tendenz bei den älteren Jugendlichen nicht so deutlich ist.

---

13 In der Befragung geben die Engagierten mit einer ganzen Reihe von Fragen im Detail Auskunft über ihre erste Tätigkeit. Für eine eventuelle zweite Tätigkeit werden die Befragten nur um einige zentrale Angaben gebeten. Etwa drei Viertel der engagierten Jugendlichen mit mehr als einer Tätigkeit gaben neben ihrer ersten, zeitaufwändigsten Tätigkeit noch über eine zweite Tätigkeit Auskunft.

Was die Engagierten insgesamt betrifft, so gibt es hier eine ähnliche Entwicklung. Die Jugendlichen hatten früher offenbar mehr Zeit für ihr Engagement als die Engagierten aller Altersgruppen; das hat sich nun etwas angeglichen, besonders bei den jüngeren Jugendlichen.

Tabelle 2: Zeitaufwand für die zeitaufwändigste Tätigkeit im Monat

	Jugendliche Engagierte			Engagierte insgesamt
	14–24 Jahre	14–19 Jahre	20–24 Jahre	
Unter 10 Stunden				
1999	31	36	25	35
2009	35	43	26	43
10 bis unter 20 Stunden				
1999	28	30	25	26
2009	29	29	29	25
20 bis unter 30 Stunden				
1999	18	12	27	17
2009	18	15	21	14
30 bis unter 60 Stunden				
1999	14	15	12	11
2009	12	8	16	10
60 Stunden und mehr				
1999	5	6	4	5
2009	3	4	4	4

Engagierte ab 14 Jahren (Angaben in %)

Fehlende zu 100 %: weiß nicht

Zeitliche Abstriche kann man also bei der ersten Tätigkeit feststellen und – wie vorher gezeigt – noch etwas deutlicher auf die insgesamt für das Engagement verwendete Zeit. Warum dies so ist, versteht man noch besser, wenn man die Angaben zur Häufigkeit betrachtet, mit der die Befragten pro Woche ihr Engagement ausüben (Tabelle 3). Diese Frage wurde nämlich für die erste und eine weitere Tätigkeit gestellt und es zeigt sich hier, dass es den Engagierten vor allem an der Zeit fehlt, auch noch eine weitere freiwillige Tätigkeit auszuüben.

Die Häufigkeit, mit der Jugendliche pro Woche ihrem Engagement nachgehen, ist rückläufig. Wie Tabelle 3 zeigt, macht sich das besonders bei der zweiten Tätigkeit bemerkbar. Bei der ersten oder einzigen Tätigkeit gaben, vor allem im Vergleich zu 1999, ebenfalls weniger Jugendliche an, sie mehrmals in der Woche auszuüben. Sie kommen häufiger nur einmal in der Woche dazu. Für die zweite Tätigkeit, zu der Jugendliche Auskunft gaben, haben sie viel seltener mehrmals wöchentlich und auch seltener einmal pro Woche Zeit; dagegen gab es mehr Nennungen für »einmal im Monat« oder »seltener«. Bei den Engagierten insgesamt zeichnet sich vor allem für die zweite Tätigkeit eine ähnliche Entwicklung ab, alles in allem hat sich aber insgesamt viel weniger geändert. Man kann an dieser Stelle ähnlich wie bei den Stundenangaben zum Engagement sehen, dass Jugendliche bisher erheblich häufiger bzw. mehr Zeit für ihr Engagement hatten als andere Altersgruppen. Dies gleicht sich nun merklich an.

Die Tatsache, dass Jugendliche insgesamt weniger Zeit auf ihr Engagement verwenden und es weniger häufig ausüben, bedeutet nicht, dass es beliebiger, unverbindlicher oder unwichtiger geworden wäre (das zeigen der untere Teil von Tabelle 3 und Tabelle 4). Die weitaus meisten Jugendlichen haben regelmäßige zeitliche Verpflichtungen im freiwilligen Engagement, im Vergleich zu 1999 unverändert 73 Prozent. Die Aufgaben, die sie wahrnehmen, sind nicht befristet, sondern unbegrenzt. Das sagen 75 Prozent der Jugendlichen im Jahr 1999 und 2009 sogar 78 Prozent.

Im Zuge der Diskussion um neue Formen des Ehrenamts wurde immer wieder die Erwartung geäußert, dass jugendliches Engagement spontaner sei und zunehmend in lockereren und vor allem zeitlich begrenzten Engagementformen und -strukturen stattfände.[14] Auf die Strukturen des Engagements wird später noch eingegangen, aber für die Flüchtigkeit oder zeitliche Unverbindlichkeit findet sich

---

14 Vgl. die Sekundäranalyse in Beher, Liebig und Rauschenbach 1999 und die Shell Jugendstudie des Jugendwerks der Deutschen Shell 1997 (z. B. Zusammenfassung).

Tabelle 3: Häufigkeit der freiwilligen Tätigkeit (Fortsetzung Seite 31)

		Erste Tätigkeit		Zweite Tätigkeit	
		14–24 Jahre	Engagierte insgesamt	14–24 Jahre	Engagierte insgesamt
Häufigkeit					
täglich					
	1999	3	4	6	1
	2004	4	5	2	2
	2009	4	4	2	1
mehrmals die Woche					
	1999	41	30	20	12
	2004	39	31	14	14
	2009	37	29	11	7
einmal die Woche					
	1999	23	23	24	18
	2004	26	23	29	19
	2009	27	23	22	17
mehrmals im Monat					
	1999	18	22	27	27
	2004	16	22	25	25
	2009	18	22	28	22
einmal im Monat					
	1999	10	11	12	21
	2004	6	11	20	20
	2009	7	12	18	23
seltener					
	1999	6	9	11	20
	2004	7	9	10	20
	2009	7	10	17	29
Regelmäßige zeitliche Verpflichtungen					
ja					
	1999	73	74	64	67
	2004	71	72	61	62
	2009	73	72	61	59
nein					
	1999	27	26	36	33
	2004	29	28	39	38
	2009	27	28	39	41

		Erste Tätigkeit		Zweite Tätigkeit	
		14–24 Jahre	Engagierte insgesamt	14–24 Jahre	Engagierte insgesamt
Die Aufgabe ist …					
zeitlich begrenzt/ bald beendet					
	1999	25	25	29	29
	2004	23	23	39	30
	2009	22	21	34	29
unbegrenzt					
	1999	75	75	71	71
	2004	77	77	61	70
	2009	78	79	66	71

Engagierte ab 14 Jahren (Angaben in %)

auch im dritten Freiwilligensurvey kein Beleg. Die Aufgaben, die Jugendliche im freiwilligen Engagement übernehmen, sind in der Regel nicht zeitlich begrenzt, was für kurzfristige Engagementformen spräche. Hier gibt es keinen prinzipiellen Unterschied zum Engagement in anderen Altersgruppen und nur geringe Verschiebungen im Zeitverlauf. Nahezu drei Viertel aller engagierten Jugendlichen haben regelmäßige zeitliche Verpflichtungen, d.h. auch hierin unterscheiden sie sich nicht von den Engagierten insgesamt. Einen kleinen Rückgang sehen wir nur bei der zweiten Tätigkeit, aber dieser fällt bei den Engagierten insgesamt stärker aus.

Jugendliche engagieren sich also 2009 zu einem etwas geringeren Anteil und wenn sie sich engagieren, dann verwenden sie weniger Zeit auf ihr Engagement und üben es seltener aus. Allerdings gibt es keine grundsätzliche Veränderung, was die zeitliche Verpflichtung, die Lang- oder Kurzfristigkeit der übernommenen Aufgaben angeht. Für die engagierten Jugendlichen ist ihr Engagement in aller Regel eine feste Größe. Dafür spricht auch, dass sehr viele Jugendliche ihr Engagement als wichtigen oder sehr wichtigen Bestandteil ihres Lebens bezeichnen und dieser Anteil von 77 Prozent in 1999 auf 81 Prozent in 2009 sogar noch zugenommen hat (siehe Tabelle 4). Die Be-

Tabelle 4: Persönliche Wichtigkeit des Engagements

Wichtigkeit des Engagements		14–24 Jahre	Engagierte insgesamt
sehr wichtig			
	1999	22	28
	2004	25	28
	2009	29	29
wichtig			
	1999	55	50
	2004	55	55
	2009	52	55
weniger wichtig			
	1999	21	19
	2004	18	16
	2009	18	14
gar nicht wichtig			
	1999	1	2
	2004	2	1
	2009	2	2

Engagierte ab 14 Jahren (Angaben in %)

wertung der engagierten Jugendlichen entspricht nun auch hier noch stärker derjenigen aller Engagierten.

Erwähnen sollte man an dieser Stelle noch einen weiteren Befund: Im Freiwilligensurvey werden diejenigen, die sich früher engagiert haben, danach befragt, warum sie dies heute nicht mehr tun. Die Zahlen sind wegen unterschiedlicher Summen bei den Mehrfachangaben kaum vergleichbar. Nur zwischen 2004 und 2009 ist dies relativ gut möglich – und zwar für die 14- bis 24-Jährigen und für die 14- bis 30-Jährigen. Von den in der Frage vorgegebenen Gründen werden die meisten seltener genannt (zu kostspielig, Auflösung der Gruppe, Finanzierungsstopp, Tätigkeit zeitlich begrenzt). Häufiger genannt werden 2009 nur zwei Gründe: Das Engagement sei zu zeitaufwändig (60 Prozent bei den 14- bis 24-Jährigen) und der Umzug an einen anderen Ort (29 Prozent bei den 14- bis 24-Jährigen und 40

Prozent bei den 14- bis 30-Jährigen).[15] Das erste Ergebnis passt zu den hier geschilderten Resultaten zum knapperen Zeitrahmen für freiwilliges Engagement und unterstützt deren Aussage. Auf das Thema der regionalen Verwurzelung bzw. des Wohnortwechsels und seine Auswirkungen auf das Engagement wird an anderer Stelle noch intensiver eingegangen.[16]

---

15 Vgl. die Ergebnisse im Einzelnen im Hauptbericht des dritten Freiwilligensurveys in Gensicke und Geiss 2010: Teil B, 5.5.
16 Vgl. Gliederungspunkt 3.5.

2 Wo und wie engagieren sich Jugendliche?

2.1 Tätigkeitsfelder und Inhalte jugendlichen Engagements

Jugendliche, das wurde schon gezeigt, sind die aktivste Altersgruppe in der Gesellschaft: Je jünger, desto eher machen sie mit im Sport, in einer Theater- oder Musikgruppe, in der Schülervertretung, in einer Naturschutzgruppe, in Jugendverbänden, in kirchlichen Gruppen oder Projekten. Abbildung 7 zeigt, in welchen Tätigkeitsfeldern Jugendliche aktiv sind und wo sie sich über ihre reine Aktivität hinaus auch engagieren, also Aufgaben übernehmen.[17] So sind 2009 z. B. 53 Prozent der Jugendlichen in Sportvereinen und Sportgruppen aktiv, Aufgaben im Sinne eines freiwilligen Engagements haben 12 Prozent übernommen. Als generelle Tendenz zeigt sich am Beispiel des Tätigkeitsfeldes »Sport und Bewegung«: Die Zahl der aktiven Jugendlichen nahm in den zehn Jahren von 1999 bis 2009 leicht zu, der Anteil der engagierten ging jedoch zurück. Das ist nicht in allen Tätigkeitsfeldern oder Engagementbereichen so – in manchen blieben beide Anteile, die der Aktiven und die der Engagierten, unverändert.

An den grundsätzlichen Präferenzen Jugendlicher für bestimmte Aktivitäts- und Engagementbereiche hat sich über alles gesehen relativ wenig geändert. Hervorzuheben ist allerdings die

---

17 Insgesamt wird in der Befragung nach 14 Tätigkeitsfeldern oder Engagementbereichen gefragt. In der Jugendauswertung sind nur 13 Bereiche erwähnt, weil der Bereich »Justiz und Kriminalitätsprobleme« weder aktive noch freiwillig engagierte Jugendliche verzeichnet.

rückläufige Engagementquote Jugendlicher im Sportbereich. Auch andere Altersgruppen engagieren sich hier weniger häufig, aber am stärksten fällt der Rückgang bei den 14- bis 24-Jährigen aus. Da »Sport und Bewegung« der immer noch größte Engagementbereich ist, fällt dieser Rückgang quantitativ stark ins Gewicht. Und da vermehrt junge Engagierte wegbrechen, also der engagierte Nachwuchs, wird der Sektor auch qualitativ geschwächt. Erheblich weniger Jugendliche verzeichnet auch der Bereich »Freizeit und Geselligkeit«, etwas weniger, was die Aktivität in diesem Bereich angeht als in Bezug auf das freiwillige Engagement.[18] Mit diesem Trend korrespondiert eine Entwicklung, die bei den Engagementmotiven der Jugendlichen festgestellt wurde: ein Trend weg von der Geselligkeits- oder Spaßorientierung hin zu Motiven, die mit dem Gemeinwohl einerseits und den eigenen Interessen andererseits verknüpft sind.[19]

2009 hat sich somit auch die Rangfolge der Engagementbereiche Jugendlicher geändert: Es ist nun der Bereich »Kirche und Religion«, der die zweithäufigste Engagementquote verzeichnet. Bei Aktivitäten Jugendlicher im kirchlichen Bereich erkennt man seit dem ersten Freiwilligensurvey eine relativ stetige Zunahme und das gilt auch für das freiwillige Engagement in diesem Bereich. Auch die außerschulische Jugendarbeit hat in puncto Aktivität und Engagement größeren Zulauf. In beiden Bereichen wird kontinuierliche und engagierte Jugendgruppenarbeit betrieben, die Erfolge zeigt.

Einen Anstieg der Aktivität mit und ohne Engagement gibt es, wie schon erwähnt, auch im Bereich »Jugendarbeit und Erwachsenen-

---

18 Zu einem gewissen Anteil spielt hier allerdings eine Rolle, dass bei jugendspezifischen Tätigkeiten im Bereich »Freizeit und Geselligkeit« im Rahmen der Datenaufbereitung durch TNS Infratest teilweise die Zuordnung der Befragten korrigiert wurde – immer orientiert an den offenen Angaben zum Ort des Engagements und zur Tätigkeitsbeschreibung. Ähnliche Korrekturen gab es in geringem Umfang auch bei den vorangehenden Surveys. In diesem Fall wollte man erreichen, dass der Bereich Freizeit nicht als unspezifische Sammelkategorie genutzt wird. Die Zahlen zeigen jedoch trotz entsprechender Abstriche eine klare Tendenz zu weniger Engagement in diesem Bereich. Vgl. Gensicke, Geiss 2010: Teil C, 1.1.
19 Hierzu ausführlicher Kapitel 5.

Abbildung 7: Aktivität und freiwilliges Engagement Jugendlicher nach Tätigkeitsfeldern

	Aktive	Engagierte
Sport und Bewegung	51 / 53	15 / 12
Freizeit/Geselligkeit	29 / 25	7 / 3
Schule/Kindergarten	12 / 14	6 / 6
Kirche/Religion	11 / 16	5 / 7
Kultur und Musik	20 / 20	5 / 5
FFW* und Rettungsdienste	7 / 8	4 / 4
Jugendarbeit und Erwachsenenbildung	8 / 10	2 / 4
Sozialer Bereich	8 / 8	2 / 3
Unwelt/Natur- und Tierschutz	7 / 8	2 / 2
Politik	5 / 4	2 / 2
Lokales Bürgerengagement	3 / 3	1 / 1
Gesundheit	3 / 4	1 / 1
Berufliche Interessenvertretung	5 / 4	1 / 0

☐ 1999   ■ 2009

Jugendliche 14 bis 24 Jahre (Mehrfachnennungen, Angaben in %) * Freiwillige Feuerwehr

Quelle: Picot – Sozialwissenschaftliche Projekte und TNS Infratest Sozialforschung

bildung«. Dass hier eigentlich zwei Tätigkeitsfelder in einer Vorgabe zusammengefasst sind, erschwert die Einordnung. Für Jugendliche spielt die Erwachsenenbildung als Engagementfeld praktisch keine Rolle, eine sehr große dagegen die außerschulische Jugendarbeit. Das heißt, im Wesentlichen geht es hier um Aktivität und Engagement in Jugendverbänden und Jugendgruppen und dafür lässt sich ein positiver Trend feststellen. Stark geblieben ist der Bereich des schulischen Engagements, mit Zuwachs im Hinblick auf die Aktivität. Auch hier werden in der Frageformulierung mit »Schule und Kindergarten«

zwei Tätigkeitsfelder angesprochen, aber bei Jugendlichen spielt praktisch nur der schulische Bereich eine Rolle.[20]

Nach wie vor ist das Engagement Jugendlicher charakterisiert durch die Nähe zum persönlichen Lebensumfeld. Es ist stark in Bereichen, wo etwas gelernt wird, wo Fähigkeiten trainiert werden: im Sport, in der Schule, in Musik und Kultur. Und es ist stark im kirchlichen Bereich und in seinem ureigensten Gebiet: der Jugendverbandsarbeit. Traditionell wichtig für Jugendliche ist der Tätigkeitsbereich »Feuerwehr und Rettungsdienste«. Hier konnten sich die Aktivitäts- und die Engagementquote halten. Im Vergleich zur Bevölkerung deutlich unterrepräsentiert sind Jugendliche nach wie vor im sozialen und Gesundheitssektor, in der beruflichen Interessenvertretung, aber auch beim lokalen Bürgerengagement und im politischen Bereich im engeren Sinn. Mit lokalem Bürgerengagement sind hauptsächlich Bürgerinitiativen gemeint, die sich mit Problemen am Wohnort beschäftigen. Unter Engagement im politischen Bereich wird die Mitwirkung in Parteien, Wählergruppierungen, Aktionsbündnissen und auch politisch tätigen Hilfsorganisationen, wie z. B. Amnesty International, verstanden.

Dass das Engagement Jugendlicher in den verschiedenen politischen Betätigungsfeldern nicht sehr ausgeprägt ist und die Aktivität sogar leicht zurückgeht, ist insofern nicht überraschend, als im Frei-

---

20 Diese beiden im Grunde für jugendliches Engagement sehr wichtigen Bereiche, nämlich »außerschulische Jugendarbeit und Bildungsarbeit für Erwachsene« sowie »Schule und Kindergarten«, sind zur Kategorisierung des Engagements Erwachsener durchaus geeignet, für Jugendliche jedoch etwas problematisch. Durch verschiedene Auswertungen (Aufschlüsselung nach Organisationsformen, nach Zielgruppen des Engagements und offene Angaben) weiß man, dass bei der außerschulischen Jugendarbeit und der Erwachsenenbildung Letztere nur eine ganz untergeordnete Rolle spielt. Es geht hier vorwiegend um Jugendarbeit, Jugendverbände und Jugendgruppen. Allerdings findet außerschulische Jugendarbeit oder Jugendverbandsarbeit noch in einer ganzen Reihe von anderen Engagementbereichen statt, so z. B. im kirchlichen Bereich, auch im Umwelt- und Naturschutz oder im Freizeitbereich. Das heißt, dass der gesamte Bereich der Jugendverbandsarbeit hier nicht in einer Kategorie erfasst wird. Ähnlich ist die Problematik im Fall von »Schule und Kindergarten«, wo es eigentlich nur um das Engagement im schulischen Rahmen geht. Vgl. hierzu auch Gliederungspunkt 2.4 ab Seite 52 f.

willigensurvey 2009 auch kein vermehrtes politisches Interesse bei Jugendlichen zu erkennen ist. Im Gegenteil hat bei den 14- bis 19-Jährigen die Zahl der nicht interessierten Jugendlichen sogar von 20 auf 28 Prozent zugenommen. Auch bei den 20- bis 24-Jährigen und den bis 30-Jährigen sehen wir eine weiter abnehmende Tendenz. Alle diese Frageninstrumente messen allerdings eher politische Partizipation im traditionellen Sinn als die Nähe oder Ferne zu herkömmlichen Institutionen bzw. zum politischen Geschehen. Das bedeutet nicht, dass nicht ein beträchtliches gesellschafts- oder politikkritisches Potenzial bei Jugendlichen vorhanden wäre.[21] Auch zeigen sich verstärkt Formen politischen Interesses und politischer Partizipation im Internet, die hier nicht oder unvollständig erfasst werden.[22] Allerdings können auch Versuche, politische Partizipation mit einem breiteren Ansatz zu erfassen, letztlich nicht darüber hinwegtäuschen, dass Jugendliche derzeit zwar in vielen Tätigkeitsbereichen der Zivilgesellschaft in nennenswertem Maß aktiv und engagiert sind, aber kaum in politischen Kontexten im engeren Sinn. Verglichen zum dritten Freiwilligensurvey etwas aktuellere Daten der Shell Jugendstudie von 2010 zeigen vermehrtes politisches Interesse vor allem bei sehr jungen Jugendlichen im Alter von 12 bis 14 Jahren und auch bei den 15- bis 17-Jährigen. Es wird sich erst noch herausstellen müssen, ob sich hier eine neue Entwicklung anbahnt – eventuell zugunsten einer weniger pragmatisch-angepassten und wieder stärker politisch-idealistischen Generation.[23]

Jugendliches Engagement findet über unterschiedliche Tätigkeitsfelder hinweg oft in Kinder- und Jugendgruppen statt bzw. im Rahmen öffentlicher Aktivitäten von Kindern und Jugendlichen oder für Kinder und Jugendliche. Im Freiwilligensurvey wird gefragt, ob es bei der freiwilligen Tätigkeit um einen bestimmten Personenkreis geht, darunter auch Kinder und Jugendliche. Die Ergebnisse zeigt Abbildung 8.

---

21 Vgl. Gensicke und Geiss 2006.
22 Vgl. Gliederungspunkt 2.3.
23 Vgl. Schneekloth 2010; Gensicke 2010 in Shell Jugendstudie.

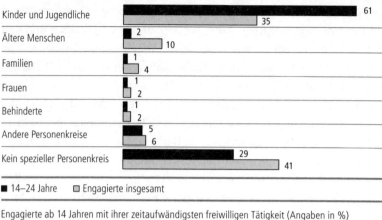

Abbildung 8: Zielgruppen des freiwilligen Engagements, 2009

■ 14–24 Jahre □ Engagierte insgesamt

Engagierte ab 14 Jahren mit ihrer zeitaufwändigsten freiwilligen Tätigkeit (Angaben in %)
Quelle: Picot – Sozialwissenschaftliche Projekte und TNS Infratest Sozialforschung

Der Anteil der jugendlichen Engagierten, die sich für Kinder und Jugendliche einsetzen, ist mit 61 Prozent enorm hoch, verglichen zum Anteil aller Engagierten. Wenn ein bestimmter Personenkreis Zielgruppe des Engagements ist, dann sind das mit hohem Abstand am häufigsten Kinder und Jugendliche. Das kann nun Unterschiedliches bedeuten: Bei Jugendlichen ist ein häufiger Einstieg ins Engagement die Übernahme einer Kindergruppe als Gruppenleiter, Teamer oder Trainer. Man denke an den jungen Fußballer, der den Trainerschein macht und das Training der E- oder F-Jugend übernimmt. Die Fragestellung spricht über die Gruppenleitung hinaus auch Jugendliche an, die sich gemeinsam mit anderen Jugendlichen engagieren. Es kann dabei um Jugendbelange gehen, z. B. in der Schülermitverwaltung oder auch um Engagement in einer Jugendgruppe, die zusätzlich einen sozialen oder anderen Zweck verfolgt.

Im Übrigen zeigt eine Aufschlüsselung nach den Altersgruppen der Engagierten, dass der Austausch zwischen den Generationen gering ist. Damit ist gemeint, dass sehr wenige Jugendliche sich für alte Menschen engagieren. Etwas mehr Befragte der älteren Jahrgänge engagieren sich für Kinder und Jugendliche, aber auch hier gilt das Engagement am ehesten der eigenen Altersgruppe bzw. den noch Älteren und Hilfebedürftigeren.[24]

Die Frage nach den Hauptinhalten des Engagements zeigt auch bei jugendlichen Engagierten eine breite Palette von Aufgaben: von der Organisation und Durchführung von Veranstaltungen über praktische Arbeiten und Hilfeleistungen bis zur Öffentlichkeitsarbeit (siehe Abbildung 9). Dabei wird aber auch sehr deutlich, dass das Engagement für Kinder und Jugendliche im Mittelpunkt steht. Im Unterschied zu den Engagierten insgesamt (33 Prozent) geben mit 48

---

24 Vgl. Gensicke und Geiss 2010: Teil C.

Prozent jugendliche Engagierte sehr viel häufiger die pädagogische Betreuung und Gruppenleitung als Hauptinhalt ihrer Tätigkeit an. Interessenvertretung und Mitsprache zählen ebenfalls häufiger zu den Aufgaben jugendlichen Engagements, man denke an Schüler- oder Studentenvertretung. Seltener als bei den Engagierten insgesamt sind vor allem Beratungstätigkeiten und Verwaltungsaufgaben im engeren und weiteren Sinn.

2.2 Anforderungen und der Erwerb von Fähigkeiten

Jugendliche Engagierte haben nicht nur vergleichbare Tätigkeitsinhalte wie die Engagierten anderer Altersgruppen; sie sind auch mit hohen und sehr vielfältigen Anforderungen konfrontiert. Auch hier wird wieder deutlich: Jugendliches Engagement ist keine Spielwiese, es kann sich in der Art der Aufgaben und Anforderungen mit dem Engagement anderer Altersgruppen messen, ja verlangt ihnen manchmal vielleicht sogar mehr ab. Jugendliche können und müssen eine ganze Reihe von Fähigkeiten einbringen bzw. sie entwickeln und weiter ausbilden. Im Zeitverlauf haben sich die Angaben zu den Anforderungen nur leicht verändert. Vermehrt geben Jugendliche an, Geschick im Umgang mit Menschen, Führungsqualitäten und Fachwissen zu benötigen.

Abbildung 10 zeigt, wie jugendliche Engagierte im Vergleich zu allen Engagierten die Anforderungen an ihre freiwilligen Tätigkeiten einschätzen. Mit Menschen gut umgehen zu können, diese Anforderung akzentuieren jugendliche Engagierte im Vergleich mit älteren Engagierten stärker, ebenso hohe Einsatzbereitschaft, Ideenreichtum und Kreativität sowie Belastbarkeit. Alle diese Anforderungen passen gut zu einem zentralen Inhalt jugendlichen Engagements: der Leitung von Kinder- und Jugendgruppen und Jugendaktivitäten.

Die Anforderungen differieren ansonsten enorm nach dem Engagementbereich bzw. dem Tätigkeitsfeld, in dem Jugendliche sich einsetzen. Jugendliche beispielsweise, die in der Jugendarbeit engagiert sind, antworten überdurchschnittlich oft, dass sie »in starkem Maße« Ideenreichtum und Kreativität sowie Führungsqualitäten und gutes

Abbildung 10: Anforderungen an die Tätigkeiten von Freiwilligen »in starkem Maße«, 2009

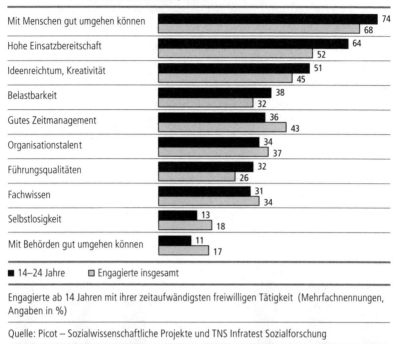

Engagierte ab 14 Jahren mit ihrer zeitaufwändigsten freiwilligen Tätigkeit (Mehrfachnennungen, Angaben in %)

Quelle: Picot – Sozialwissenschaftliche Projekte und TNS Infratest Sozialforschung

Zeitmanagement brauchen. Das Thema »Zeitmanagement« betonen auch engagierte Jugendliche im sozialen und Gesundheitsbereich; außerdem benötigen sie häufiger Belastbarkeit und Geschick im Umgang mit Menschen. Besonders stark gefordert fühlen sich Jugendliche, die bei den freiwilligen Feuerwehren und Rettungsdiensten engagiert sind. Ihnen wird überdurchschnittlich oft hohe Einsatzbereitschaft, Belastbarkeit und Selbstlosigkeit abverlangt und sie brauchen besonders viel Fachwissen, um ihre Aufgaben erfüllen zu können.[25]

Dass engagierte Jugendliche zum Teil sehr stark beansprucht sind, zeigte sich 1999 auch darin, dass sie deutlich häufiger als die

---

25 Vgl. die Engagementprofile jugendlicher Engagierter nach Tätigkeitsfeldern in Gliederungspunkt 2.4.

Engagierten insgesamt angaben, sie seien von ihren Aufgaben manchmal überfordert (siehe Abbildung 11). Das waren damals immerhin 33 Prozent, während 67 Prozent sich den Anforderungen immer gewachsen fühlten. Hier hat sich die Situation verbessert: 2009 geben 82 Prozent der Jugendlichen an, ihren Anforderungen gewachsen zu sein, und sie haben damit das Niveau aller Engagierten erreicht. Auch bei den Engagierten anderer Altersstufen war seltener von Überlastung die Rede. Bei den Jugendlichen allerdings ging der Anteil derer, die sich überfordert fühlen, noch stärker zurück. Das deutet auf eine Verbesserung der Rahmenbedingungen vor allem des jugendlichen Engagements.[26]

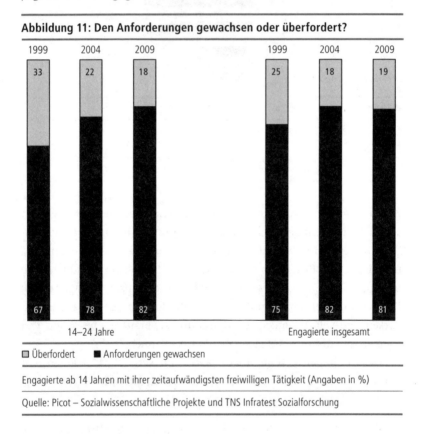

Abbildung 11: Den Anforderungen gewachsen oder überfordert?

Engagierte ab 14 Jahren mit ihrer zeitaufwändigsten freiwilligen Tätigkeit (Angaben in %)

Quelle: Picot – Sozialwissenschaftliche Projekte und TNS Infratest Sozialforschung

26 Vgl. Gliederungspunkt 6.3.

Die Anforderungen, die an die Jugendlichen in den verschiedenen Engagementbereichen gestellt werden, zeigen besonders gut, was gemeint ist, wenn man vom Kompetenzerwerb im Engagement spricht. Anforderungen sind weniger Fähigkeiten, die man schon mitbringen muss, sondern eher etwas, das man im Engagement weiterentwickelt und schult: wie gutes Zeitmanagement, auch Belastbarkeit und Führungsqualitäten. Und es geht gerade bei Jugendlichen weniger um Fachwissen und Fertigkeiten, es geht nicht um Schulwissen und eher am Rande um die Schulung intellektueller Fähigkeiten. Viel wird gelernt aus persönlichen Anforderungen: schwierige Situationen im Umgang mit anderen Menschen meistern, komplexe Organisationsaufgaben in einem bestimmten Zeitrahmen im Team lösen, sich Gehör verschaffen bei Behörden, frei sprechen vor Publikum und andere überzeugen. Ganz wichtig ist hier die Erfahrung von Selbstwirksamkeit, also dass man etwas bewirken und verändern kann.

Ob es das ist, was Jugendliche meinen, wenn sie selbst sagen, dass sie »Fähigkeiten erworben« haben bei ihrem freiwilligen Engagement, lässt sich aus der einfachen Antwortverteilung auf diese Frage nicht ablesen. Allerdings sieht man je nach Tätigkeitsbereich einen Zusammenhang zwischen hohen Anforderungen und hohem Erwerb von Fähigkeiten. Die umfangreiche qualitative Untersuchung von Düx und anderen zeigt, dass die Jugendlichen selbst den Kompetenzerwerb vor allem den informellen Lerngelegenheiten zuschreiben.[27]

Abbildung 12 illustriert, dass junge Menschen bis 30 Jahre hinsichtlich des Erwerbs von Fähigkeiten offenbar stärker als andere Altersgruppen vom freiwilligen Engagement profitieren. Dabei richtet sich die Frage auf die derzeit ausgeübte, wichtigste freiwillige Tätigkeit. Eine gewisse Zeit sollte man vielleicht schon dabei sein, wie die noch etwas niedrigeren Angaben der 14- bis 19-Jährigen zeigen. Aber ganz besonders die 20- bis 24-Jährigen sind dann vom hohen Lerngewinn durch ihr freiwilliges Engagement überzeugt. Nur sehr wenige junge Engagierte sind der Meinung, ihr Einsatz vermittle ihnen keine weiteren Fähigkeiten. Wer über 30 Jahre ist, schätzt den Lerneffekt

---

27 Vgl. Düx et al. 2008.

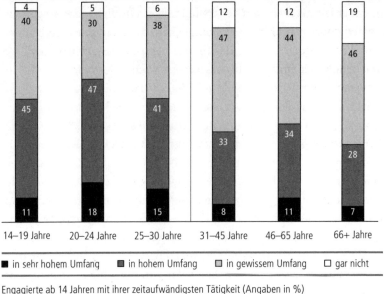

Abbildung 12: Fähigkeiten erworben im freiwilligen Engagement, 2009

Engagierte ab 14 Jahren mit ihrer zeitaufwändigsten Tätigkeit (Angaben in %)

Quelle: Picot – Sozialwissenschaftliche Projekte und TNS Infratest Sozialforschung

insgesamt etwas niedriger ein. Die älteren Engagierten gehen sicher zu einem guten Teil davon aus, dass sie Wissen und Kompetenzen einbringen, aber auch sie geben an, durch das derzeit ausgeübte freiwillige Engagement noch Fähigkeiten zu erwerben. Lebenslanges Lernen gilt also auch hier.

Die Kompetenzen, die im Engagement erworben werden, unterscheiden sich qualitativ je nach den Anforderungen des betreffenden Tätigkeitsfeldes. Und auch der Anteil derer, die angeben, ihre Fähigkeiten vermehrt zu haben, differiert nach den Tätigkeitsbereichen, wie die Engagementprofile zeigen. Deutlich über dem Durchschnitt aller Bereiche liegen die Angaben der jugendlichen Engagierten in drei ganz unterschiedlichen Bereichen: im sozialen und Gesundheitssektor, bei den freiwilligen Feuerwehren und Rettungsdiensten und auf dem Gebiet von Kultur und Musik.

Jugendliche versprechen sich von ihrem Engagement häufig den Erwerb von Qualifikationen – auch solchen, von denen man hofft, dass sie beruflich nützlich sein könnten. Dies ist als Engagementmotiv bei Jugendlichen erheblich wichtiger als in den anderen Altersgruppen.[28] Wenn man Jugendliche für freiwilliges Engagement gewinnen und sie vor allem daran binden will, sollte man ihnen also, wo immer es geht, ermöglichen, ihre Kenntnisse und Fähigkeiten zu erweitern.

2.3 Rolle des Internets für freiwilliges Engagement

Im Rahmen ihres freiwilligen Engagements nutzen Engagierte in stark zunehmendem Maß das Internet. Abbildung 13 zeigt dies im Vergleich von Altersgruppen. 2004 wurde die Nutzung des Internets im Freiwilligensurvey erstmals erhoben. In nur fünf Jahren stieg die Bedeutung des Internets für die Engagierten aller Altersgruppen ganz erheblich. Dabei geht es zum Teil um Steigerungen von 20, ja bis zu 22 Prozentpunkten. Es sind die 25- bis 29-Jährigen, die mit 76 Prozent das Internet in ihrer freiwilligen Tätigkeit am häufigsten einsetzen; es folgen mit 71 Prozent die 20- bis 24-Jährigen.

Die Daten verzeichnen hier immer noch einen deutlichen Unterschied nach dem Geschlecht: Zwar nutzen engagierte Frauen das Internet inzwischen deutlich häufiger als fünf Jahre zuvor, aber auch 2009 zeigt sich hier bezogen auf die Befragten aller Altersgruppen ein Unterschied von 14 Prozentpunkten (52 Prozent weibliche Engagierte und 66 Prozent männliche Engagierte). Bei den Jugendlichen ist der Unterschied erheblich geringer: 62 Prozent der weiblichen Engagierten im Alter von 14 bis 24 Jahren nutzen das Internet gegenüber 66 Prozent der männlichen. Außerdem variiert die Nutzung nach dem Bildungsstatus: Jugendliche mit hohem Bildungsstatus bedienen sich im Rahmen ihres Engagements häufiger des Internets (72 Prozent) als Jugendliche mit niedrigem oder mittlerem Status (je 61 Prozent). Allerdings war die Differenz 2004 noch erheblich größer. Zunehmend

---

28 Vgl. Gliederungspunkt 5.1.

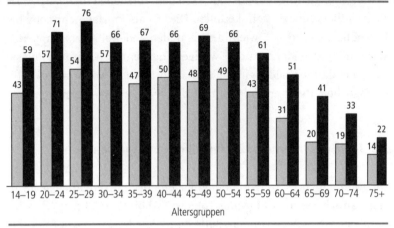

Abbildung 13: Nutzung des Internets im Engagement nach Altersgruppen

Engagierte ab 14 Jahren mit ihrer zeitaufwändigsten freiwilligen Tätigkeit (Angaben in %)
Quelle: Picot – Sozialwissenschaftliche Projekte und TNS Infratest Sozialforschung

verschwinden also bei den Jugendlichen die Unterschiede hinsichtlich der Beteiligung früherer und späterer Nutzergruppen, wenn auch die digitale Spaltung noch nicht überwunden ist.[29]

Jugendliche, die sich auf politischem Gebiet engagieren (zusammengefasst als Politikbereich, lokales Bürgerengagement und berufliche Interessenvertretung), setzen das Internet besonders häufig ein, nämlich 86 Prozent. Alle anderen Engagementbereiche folgen mit einem gewissen Abstand. Sehr verbreitet ist der Einsatz des Internets auch bei jungen Engagierten in der Jugendarbeit und Erwachsenenbildung (74 Prozent) und im kulturellen Sektor (72 Prozent). Im Politikbereich werden alle angegebenen Nutzungsarten des Internets häufiger als »sehr wichtig« eingestuft. Abweichend vom Durchschnitt, also mehr als in der Querschnittsbetrachtung über alle Berei-

---

29 Dies bestätigen auch die anderen hier zitierten Studien: die Shell Jugendstudie und die Studie des Forschungsverbunds von DJI und TU Dortmund.

che, wird hier besonders stark betont, dass man mittels Internet »auf die eigene Organisation oder Gruppe aufmerksam macht« und das Netz zu »Informationsaustausch und Meinungsäußerung« nutzt.

Für Engagierte jeden Alters ist das Internet heute allein schon zur Abwicklung der laufenden Arbeit wichtig. Ansonsten nutzen junge Menschen im Vergleich zu anderen Altersgruppen das Internet nicht nur besonders häufig, sondern auch anders als Befragte jenseits des Jugendalters[30]. Bei Engagierten von 14 bis 24 Jahren stehen Vernetzungsarbeiten (»Kontakte, Netzwerke aufbauen und pflegen«) stärker im Vordergrund. Für Engagierte zwischen 25 und 64 Jahren liegt der Hauptakzent deutlicher als bei Jugendlichen auf der Informationsbeschaffung. Jugendliche setzen, wie man auch aus anderen Studien weiß, das Netz vielfältig, komplex und häufig versiert ein, wobei das Networking eine enorme Bedeutung hat.

Der Freiwilligensurvey musste sich wegen seiner Fülle von anderen, ebenfalls wichtigen Fragestellungen darauf beschränken, die Bedeutung des Internets als Hilfsmittel bzw. als dienstbares Medium für freiwillig Engagierte zu erheben. Andere Studien ergänzen das Bild zur Internetnutzung Jugendlicher in Deutschland und zum Thema »Internet und Engagement«. Sie bestätigen, dass neben der Computernutzung auch die Internetnutzung Jugendlicher enorm zugenommen hat. Inzwischen haben praktisch alle Jugendlichen Internetzugang und 90 Prozent der 13- bis 20-Jährigen haben einen Account in einem sozialen Netzwerk, sind also im Web 2.0 aktiv.[31] Gerade Letzteres hat dazu geführt, dass Jugendliche auch erheblich mehr Zeit im Netz verbringen. Keine andere Variable im Leben Jugendlicher hat sich in den letzten Jahrzehnten so stark verändert, wie die Shell-Jugendstudie zeigt. Nach deren Ergebnissen waren es 2002 erst sieben Stunden, die jugendliche Internetnutzer von 12 bis 25 Jahren durchschnittlich pro Woche im Internet verbrachten; 2010 sind es etwa 13 Stunden, wobei die häufigste Nutzungsart inzwischen das

---

30 Vgl. im Hauptbericht zum dritten Freiwilligensurvey, Gensicke und Geiss 2010, Teil C, 5.2.
31 Vgl. Forschungsverbund DJI, TU Dortmund 2011.

»social networking« ist.[32] Andere Untersuchungen sprechen bei 13 Prozent der 13- bis 20-Jährigen von einer Nutzung von mehr als vier Stunden täglich, 32 Prozent sind zwei bis unter vier Stunden im Netz und 56 Prozent bis zu zwei Stunden täglich.[33]

Die Folgen für das Engagement können ganz unterschiedlich sein. Rein unter dem Zeitaspekt betrachtet, könnte ausgiebige Computernutzung und zunehmend im Internet verbrachte Freizeit den Jugendlichen für andere Freizeitbeschäftigungen fehlen – und dazu gehört auch das Engagement. Mit der enorm gewachsenen Bedeutung des Web 2.0 kann man noch eine andere Befürchtung verbinden. Es stellt sich die Frage, ob die immer mehr verbreitete elektronische Kontaktpflege zulasten der realen Sozialkontakte geht und was dies im Zusammenhang mit Aktivitäten und freiwilligem Engagement in Gruppen und Organisationen des »real life« bedeutet. Als Motiv für freiwilliges Engagement spielt ja das gemeinsame Tun mit Gleichgesinnten, das Zusammensein mit anderen eine zentrale Rolle. So ist ein enger statistischer Zusammenhang mit der Größe des Freundeskreises nachweisbar und diese Größe der (realen) Freundeskreise ist, wie später noch gezeigt wird, rückläufig.[34] Zu fragen wäre, ob Orte des Engagements, also Organisationen, Vereine, Jugendgruppen, ihre Funktion als Kontaktbörse verlieren und damit bedeutungsloser werden.

Andererseits können sich neue, virtuelle Treffpunkte des Engagements im Internet etablieren, wo Jugendliche sich austauschen, sich – und sei es in noch so lockeren Formen – organisieren bzw. sich assoziieren. Neue Kristallisationspunkte des Engagements gab es durch das Internet ja bisher schon und zwar auch im Web 1.0.[35] Die Entwicklung wäre also nicht einmal so neu. Wenn man fragt, ob und inwieweit das Netz Beteiligung fördert, ist vor allem die politische Partizipation in den Blick zu nehmen, denn sie kann von dem großen Informations- und Kommunikationsangebot und der vielfältigen

---

32 Vgl. Leven, Quenzel und Hurrelmann 2010.
33 Vgl. Forschungsverbund DJI, TU Dortmund 2011. Die Quelle ist die AID:A Zusatzerhebung Web 2.0.
34 Vgl. hierzu auch Gliederungspunkt 3.5.
35 Vgl. Picot und Willert in der Shell Jugendstudie 2002.

elektronischen Vernetzung besonders stark profitieren: vom interaktiven Austausch in Blogs und Foren, also zahlreichen Möglichkeiten, Kommentare zu hinterlassen und mit anderen »ins Gespräch zu kommen«, über Möglichkeiten, sich z. B. per »twitter« zu realen Treffen zu verabreden, bis zu »flashmobs«, Demonstrationen oder anderen Aktionen. Die Nutzung der neuen, schnellen, interaktiven Kommunikations- und Vernetzungsmöglichkeiten kann – wie auch der Blick auf das aktuelle politische Geschehen in anderen Ländern zeigt – eine enorme Brisanz und Eigendynamik entfalten. Tatsächlich sieht man auch in Deutschland ganz aktuell Beispiele für Netzengagement, das in die Politik der traditionellen Institutionen einmündet und möglicherweise das Potenzial hat, diese zu verändern. Man denke an die derzeitigen Erfolge der Piratenpartei.

Aktuelle Untersuchungsergebnisse deuten allerdings darauf hin, dass die Auswirkungen des Internets auf das Engagement Jugendlicher nicht überschätzt werden sollten.[36] So belegt die neue Untersuchung des Forschungsverbunds von DJI und TU Dortmund, die auch Daten des Freiwilligensurveys auswertet, dass eine verstärkte Internetnutzung keinen Einfluss auf die Engagementbereitschaft Jugendlicher hat. Freiwillig engagierte, »nur« aktive und nicht aktive Jugendliche »zeigen ein hochgradig ähnliches Verhalten hinsichtlich ihrer Internetnutzung«.[37] Für die meisten Engagierten ist das Internet ein dienstbares Medium, ein Hilfsmittel, das für die Abwicklung der Arbeit in Vereinen und Organisationen ebenso selbstverständlich wie unerlässlich ist. In gewissem, bisher eher moderatem Umfang werden durch das Internet auch neue junge Mitglieder, Aktive und Engagierte gewonnen. Es gibt andererseits, wie erwähnt, auch Hinweise darauf, dass das Engagement sich gerade im politischen Bereich teilweise ins Internet verlagert und sich neue Formen der politischen Partizipation entwickeln.

Allerdings erleben wir eine rasante Entwicklung, deren Auswirkungen sich erst mit einer gewissen Verzögerung zeigen und

---

36 Vgl. Begemann, Bröring und Sass 2011; Forschungsverbund DJI, TU Dortmund 2011.
37 Forschungsverbund DJI, TU Dortmund 2011: 6.

nachweisbar sein werden. Es ist im Reflex auf die Dynamik der elektronischen Medien mit einem raschen weiteren Ausbau der Kommunikationsmöglichkeiten und -gewohnheiten zu rechnen. Zu den Folgen für Engagement und Teilhabe Jugendlicher hierzulande besteht noch erheblicher, vertiefender Forschungsbedarf, bei dem neben traditionellen Formen auch neue Formen des sozialen Lebens, des Aufbaus von sozialem Kapital und der Partizipation definiert, erfasst und analysiert werden müssen.

2.4 Engagementprofile: jugendliche Engagierte nach Tätigkeitsfeldern

Will man sich ein genaueres Bild von engagierten Jugendlichen machen, so sollte man das Tableau entsprechend den unterschiedlichen Engagementbereichen bzw. Tätigkeitsfeldern ausdifferenzieren. Dies geschieht im Folgenden auf der Basis von zehn Tätigkeitsfeldern. Einige verwandte Bereiche mit geringen Anteilen jugendlicher Engagierter wurden zusammengefasst.

Die Engagementprofile verdeutlichen, wer sich typischerweise in welchem Bereich engagiert und welche Charakteristika das Engagement in diesem Bereich aufweist. Vergleichsmaßstab ist immer der Durchschnitt aller Bereiche; dargestellt werden vor allem stärkere Abweichungen vom Durchschnitt. Es zeigen sich bei den Engagierten große Unterschiede nach zentralen Merkmalsausprägungen wie Geschlecht, Alter, Bildungsstatus, Migrationshintergrund und Erwerbsstatus. Stark unterscheidet sich auch das Engagement in den verschiedenen Bereichen nach ausgewählten Merkmalen wie den organisatorischen Rahmenbedingungen, den Anforderungen an die freiwillige Tätigkeit und in welchem Umfang man durch das Engagement Fähigkeiten erwirbt. Dasselbe gilt für die Erwartungen, die Jugendliche mit der freiwilligen Tätigkeit verbinden.[38]

---

[38] Die Profile weisen sozialstatistische Merkmale für alle engagierten Jugendlichen aus. Die Angaben zu den Merkmalen des Engagements in den jeweiligen Bereichen beziehen sich auf die einzige oder die zeitaufwändigste freiwillige Tätigkeit Jugendlicher.

Wenn man sich dies an einem Beispiel, nämlich den freiwilligen Feuerwehren und Rettungsdiensten, einmal anschaut (vgl. Seite 46), so zeigen sich folgende typische Merkmale: Im Bereich der Feuerwehren und Rettungsdienste sind stark überdurchschnittlich viele männliche Jugendliche engagiert: 79 Prozent der hier engagierten Jugendlichen sind junge Männer. Der Altersdurchschnitt der jugendlichen Engagierten liegt mit 19,4 Jahren leicht über dem Durchschnitt in allen Bereichen.

Generell haben engagierte Jugendliche sehr häufig einen hohen Bildungsstatus, gemessen am erreichten oder angestrebten Schulabschluss.[39] Bei den Feuerwehren und Rettungsdiensten gelingt es aber oft, auch Jugendliche mit Hauptschulabschluss und mit einem mittleren Abschluss zu gewinnen. Junge Menschen mit niedrigem Bildungsabschluss sind hier mit 12 Prozent sogar doppelt so stark vertreten wie im Durchschnitt aller Bereiche (6 Prozent). Allerdings hat auch hier die Hälfte der Engagierten einen hohen Bildungsstatus (gegenüber 61 Prozent bei allen engagierten Jugendlichen). Jugendliche mit Migrationshintergrund sind gemessen an ihrem Engagement über alle Bereiche bei den Feuerwehren und Rettungsdiensten unterdurchschnittlich oft vertreten. Erwerbstätige und Azubis sind dagegen häufiger anzutreffen.

Welche speziellen Merkmale hat das Engagement bei Feuerwehren und Rettungsdiensten? Der Zeitaufwand für die Tätigkeit liegt leicht unter dem Durchschnitt. Den organisatorischen Rahmen bildet häufiger als in allen anderen Bereichen eine staatliche oder kommunale Einrichtung und überdurchschnittlich oft ein Verband. Allerdings wird ähnlich wie bei den anderen Bereichen der Verein

---

39 »Hoher Bildungsstatus« bezieht sich auf Jugendliche, die das Abitur oder Fachabitur haben oder einen entsprechenden Schultyp besuchen. »Mittlerer Bildungsstatus« heißt, ein Realschul- oder anderer mittlerer Schulabschluss wurde erreicht oder wird angestrebt, und »niedriger Bildungsstatus« bedeutet, kein Schulabschluss vorhanden oder Hauptschulabschluss erreicht bzw. angestrebt. Hier greifen die Engagementprofile ein wenig vor, denn die Analyse von Aktivität und Engagement Jugendlicher nach dem Bildungsstatus erfolgt erst im nächsten Kapitel.

(mit 44 Prozent) als häufigste Organisationsform genannt.[40] Jugendliche, die in diesem Tätigkeitsfeld engagiert sind, geben öfter an, eine leitende Funktion auszuüben, da hier die Strukturen stärker hierarchisch sind als z. B. in Initiativen und Projekten. Anders als sonst bei engagierten Jugendlichen, die ja sehr oft mit der Leitung von Kinder- und Jugendgruppen zu tun haben, gilt das Engagement hier eher der Allgemeinheit und nur bei 38 Prozent der speziellen Zielgruppe Kinder und Jugendliche.

Es gibt eine Reihe von Anforderungen, die von den jungen Engagierten im Bereich Feuerwehr und Rettungsdienste überdurchschnittlich häufig angegeben werden: Hohe Einsatzbereitschaft, Belastbarkeit und Selbstlosigkeit gehören dazu, aber auch Fachwissen spielt eine wichtige Rolle. Entsprechend sagen die Engagierten besonders oft, dass sie (in sehr hohem oder in hohem Umfang) Fähigkeiten durch ihr Engagement erwerben. Was die Motive und Erwartungen angeht, die sie mit dem Engagement verbinden, so heben die jungen Leute häufiger als in anderen Bereichen hervor, dass sie anderen helfen und etwas für das Gemeinwohl tun möchten. Besonders wichtig sind den engagierten Jugendlichen hier auch die Gemeinschaft mit anderen und die Anerkennung für ihre verantwortungsvolle Aufgabe.

So wie für den Bereich der Feuerwehren und Rettungsdienste gezeigt, sind auch die anderen Engagementprofile zu lesen. Die Reihenfolge ergibt sich aus der Häufigkeit, mit der Jugendliche sich in den verschiedenen Tätigkeitsfeldern engagieren, beginnend mit dem größten Gebiet, dem Sport.

---

40 Für die Merkmale »Erwerbsstatus«, »Organisationsformen des Engagements«, »Anforderungen und Erwartungen« werden jeweils nur einige Merkmalsausprägungen herausgegriffen. Diese sind zumeist jene, die besonders stark vom Durchschnitt über alle Bereiche abweichen und die damit für das Engagement Jugendlicher in diesem Bereich charakteristisch sind. Das gibt allerdings die Gesamtverteilung der Antworten nicht wieder. So spielt z. B. bei den Organisationsformen in sieben von zehn Bereichen der Verein die größte Rolle oder bei den Engagementmotiven ist Jugendlichen in allen Bereichen der Spaß an der Tätigkeit am wichtigsten. Für die Ergebnisse im Einzelnen muss auf die entsprechenden Kapitel hingewiesen werden. Im Fall der Motive und Erwartungen ist das z. B. Kapitel 5, im Fall der organisatorischen Strukturen und Rahmenbedingungen Kapitel 6.

Abbildung 14: Jugendliche Engagierte (14–24 Jahre) im Bereich Sport und Bewegung, 2009
Anteil an Jugendlichen insgesamt: 12 %

Geschlecht: männlich	66 / 55
Altersdurchschnitt	Sport: 19,2 Jahre / alle Bereiche: 19,2 Jahre
Bildungsstatus: niedrig/mittel/hoch	6 / 6 ; 28 / 33 ; 66 / 61
Mit Migrationshintergrund	11 / 12
Erwerbsstatus: Erwerbstätige und Azubis	24 / 21
Zeitaufwand pro Monat	Sport: 16,6 Std. / alle Bereiche: 16,8 Std.
Organisationsformen Verein	81 / 48
Leitungs- und Vorstandsfunktionen	33 / 28
Zielgruppe Kinder und Jugendliche	69 / 61
Anforderung an die Tätigkeit in starkem Maße	
Führungsqualitäten	42 / 31
Fachwissen	39 / 31
Fähigkeiten erworben in hohem/in sehr hohem Umfang	48 / 46 ; 12 / 14
Erwartungen an die Tätigkeit überdurchschnittlich	Tätigkeit macht Spaß

■ In diesem Bereich engagiert   ◻ Durchschnitt in allen Bereichen

Angaben in Prozent und Mittelwerten

Quelle: Picot – Sozialwissenschaftliche Projekte und TNS Infratest Sozialforschung

Abbildung 15: Jugendliche Engagierte (14–24 Jahre) im Bereich Kirche, 2009

Anteil an Jugendlichen insgesamt: 7 %

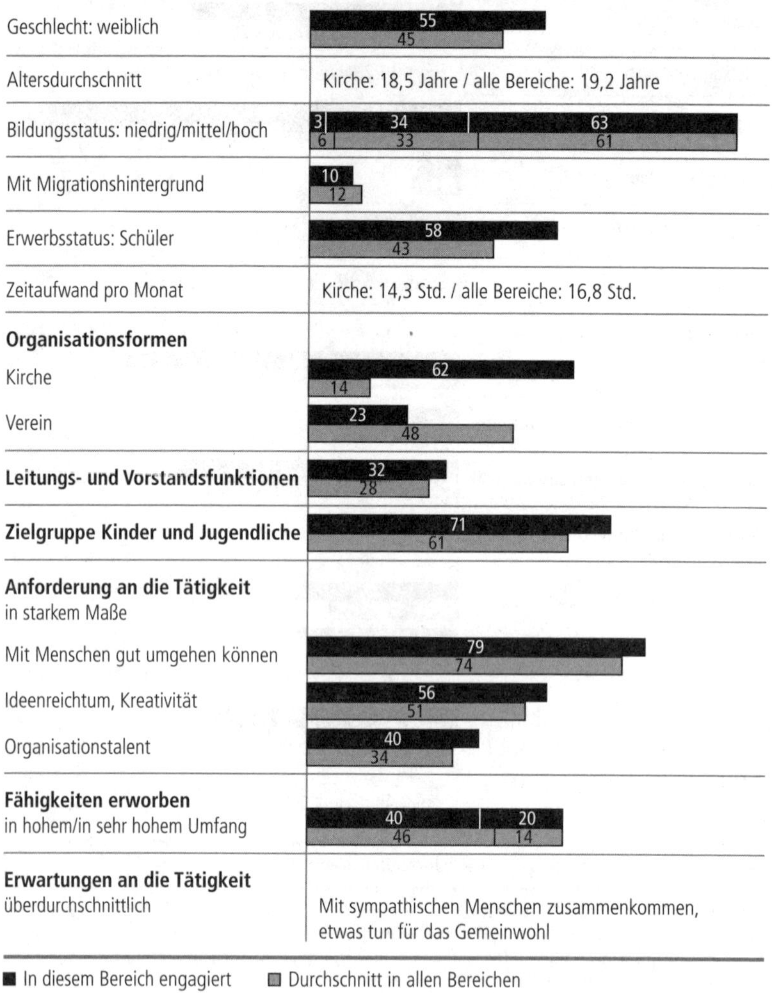

Geschlecht: weiblich	55 / 45
Altersdurchschnitt	Kirche: 18,5 Jahre / alle Bereiche: 19,2 Jahre
Bildungsstatus: niedrig/mittel/hoch	3 / 6 ; 34 / 33 ; 63 / 61
Mit Migrationshintergrund	10 / 12
Erwerbsstatus: Schüler	58 / 43
Zeitaufwand pro Monat	Kirche: 14,3 Std. / alle Bereiche: 16,8 Std.
Organisationsformen	
Kirche	62 / 14
Verein	23 / 48
Leitungs- und Vorstandsfunktionen	32 / 28
Zielgruppe Kinder und Jugendliche	71 / 61
Anforderung an die Tätigkeit in starkem Maße	
Mit Menschen gut umgehen können	79 / 74
Ideenreichtum, Kreativität	56 / 51
Organisationstalent	40 / 34
Fähigkeiten erworben in hohem/in sehr hohem Umfang	40 / 46 ; 20 / 14
Erwartungen an die Tätigkeit überdurchschnittlich	Mit sympathischen Menschen zusammenkommen, etwas tun für das Gemeinwohl

■ In diesem Bereich engagiert   ■ Durchschnitt in allen Bereichen

Angaben in Prozent und Mittelwerten

Quelle: Picot – Sozialwissenschaftliche Projekte und TNS Infratest Sozialforschung

Abbildung 16: Jugendliche Engagierte (14–24 Jahre) im Bereich Schule (und Kindergarten), 2009

Anteil an Jugendlichen insgesamt: 6 %

Geschlecht: weiblich	53 / 45
Altersdurchschnitt	Schule & Kindergarten: 17,7 Jahre / alle Bereiche: 19,2 Jahre
Bildungsstatus: niedrig/mittel/hoch	7 / 6 | 27 / 33 | 66 / 61
Mit Migrationshintergrund	14 / 12
Erwerbsstatus: Schüler	77 / 43
Zeitaufwand pro Monat	Schule & Kindergarten: 14,5 Std. / alle Bereiche: 16,8 Std.
Organisationsformen	
Selbst organisierte Gruppe	29 / 11
Projekt, Initiative	22 / 7
Staatliche oder kommunale Einrichtung	10 / 5
Leitungs- und Vorstandsfunktionen	27 / 28
Zielgruppe Kinder und Jugendliche	85 / 61
Anforderung an die Tätigkeit in starkem Maße	
Ideenreichtum, Kreativität	60 / 31
Organisationstalent	41 / 34
Fähigkeiten erworben in hohem/in sehr hohem Umfang	49 / 46 | 13 / 14
Erwartungen an die Tätigkeit überdurchschnittlich	Etwas tun für das Gemeinwohl, helfe anderen Menschen, Kenntnisse erweitern, Eigenverantwortung, Verfolgung eigener Interessen

■ In diesem Bereich engagiert   ▫ Durchschnitt in allen Bereichen

Angaben in Prozent und Mittelwerten

Quelle: Picot – Sozialwissenschaftliche Projekte und TNS Infratest Sozialforschung

Abbildung 17: Jugendliche Engagierte (14–24 Jahre) im Bereich Kultur und Musik, 2009

Anteil an Jugendlichen insgesamt: 5 %

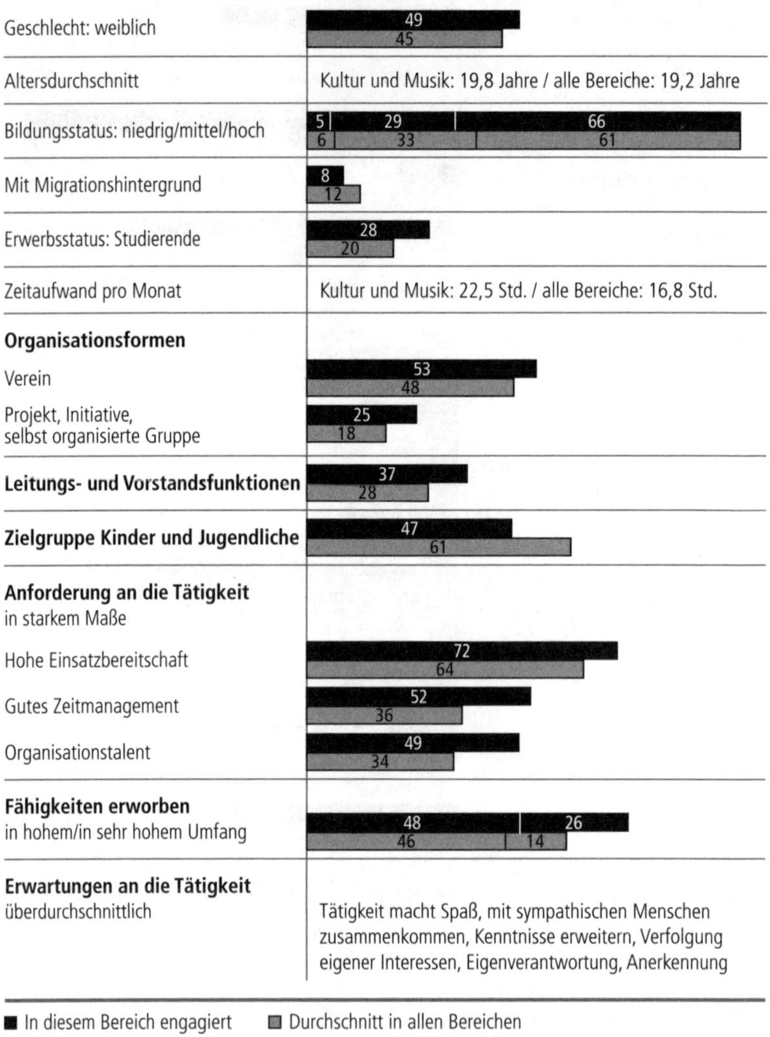

Geschlecht: weiblich	49 / 45
Altersdurchschnitt	Kultur und Musik: 19,8 Jahre / alle Bereiche: 19,2 Jahre
Bildungsstatus: niedrig/mittel/hoch	5 / 29 / 66 — 6 / 33 / 61
Mit Migrationshintergrund	8 / 12
Erwerbsstatus: Studierende	28 / 20
Zeitaufwand pro Monat	Kultur und Musik: 22,5 Std. / alle Bereiche: 16,8 Std.
Organisationsformen	
Verein	53 / 48
Projekt, Initiative, selbst organisierte Gruppe	25 / 18
Leitungs- und Vorstandsfunktionen	37 / 28
Zielgruppe Kinder und Jugendliche	47 / 61
Anforderung an die Tätigkeit in starkem Maße	
Hohe Einsatzbereitschaft	72 / 64
Gutes Zeitmanagement	52 / 36
Organisationstalent	49 / 34
Fähigkeiten erworben in hohem/in sehr hohem Umfang	48 / 26 — 46 / 14
Erwartungen an die Tätigkeit überdurchschnittlich	Tätigkeit macht Spaß, mit sympathischen Menschen zusammenkommen, Kenntnisse erweitern, Verfolgung eigener Interessen, Eigenverantwortung, Anerkennung

■ In diesem Bereich engagiert   ■ Durchschnitt in allen Bereichen

Angaben in Prozent und Mittelwerten

Quelle: Picot – Sozialwissenschaftliche Projekte und TNS Infratest Sozialforschung

Abbildung 18: Jugendliche Engagierte (14–24 Jahre) im Bereich außerschulische Jugendarbeit (& Erwachsenenbildung), 2009
Anteil an Jugendlichen insgesamt: 4%

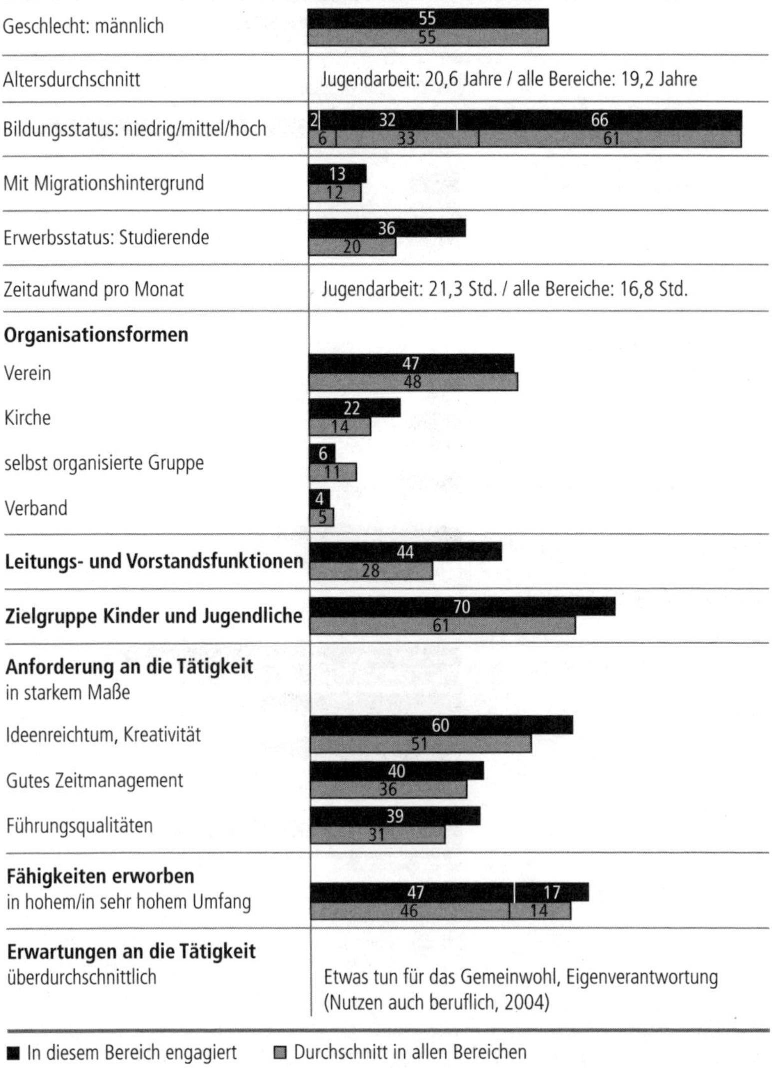

Geschlecht: männlich	55 / 55
Altersdurchschnitt	Jugendarbeit: 20,6 Jahre / alle Bereiche: 19,2 Jahre
Bildungsstatus: niedrig/mittel/hoch	2 / 32 / 66 — 6 / 33 / 61
Mit Migrationshintergrund	13 / 12
Erwerbsstatus: Studierende	36 / 20
Zeitaufwand pro Monat	Jugendarbeit: 21,3 Std. / alle Bereiche: 16,8 Std.
Organisationsformen	
Verein	47 / 48
Kirche	22 / 14
selbst organisierte Gruppe	6 / 11
Verband	4 / 5
Leitungs- und Vorstandsfunktionen	44 / 28
Zielgruppe Kinder und Jugendliche	70 / 61
Anforderung an die Tätigkeit in starkem Maße	
Ideenreichtum, Kreativität	60 / 51
Gutes Zeitmanagement	40 / 36
Führungsqualitäten	39 / 31
Fähigkeiten erworben in hohem/in sehr hohem Umfang	47 / 17 — 46 / 14
Erwartungen an die Tätigkeit überdurchschnittlich	Etwas tun für das Gemeinwohl, Eigenverantwortung (Nutzen auch beruflich, 2004)

■ In diesem Bereich engagiert   ▫ Durchschnitt in allen Bereichen

Angaben in Prozent und Mittelwerten

Quelle: Picot – Sozialwissenschaftliche Projekte und TNS Infratest Sozialforschung

Abbildung 19: Jugendliche Engagierte (14–24 Jahre) im sozialen und Gesundheitsbereich, 2009

Anteil an Jugendlichen insgesamt: 4 %

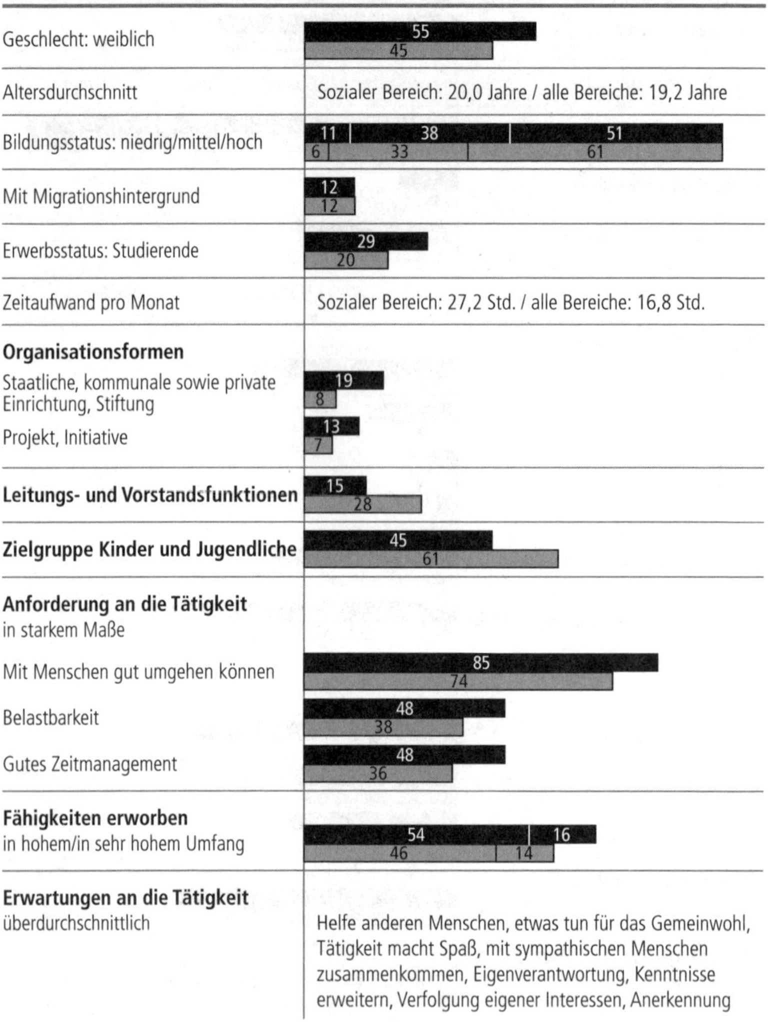

Geschlecht: weiblich	55 / 45
Altersdurchschnitt	Sozialer Bereich: 20,0 Jahre / alle Bereiche: 19,2 Jahre
Bildungsstatus: niedrig/mittel/hoch	11 / 38 / 51 — 6 / 33 / 61
Mit Migrationshintergrund	12 / 12
Erwerbsstatus: Studierende	29 / 20
Zeitaufwand pro Monat	Sozialer Bereich: 27,2 Std. / alle Bereiche: 16,8 Std.
Organisationsformen	
Staatliche, kommunale sowie private Einrichtung, Stiftung	19 / 8
Projekt, Initiative	13 / 7
Leitungs- und Vorstandsfunktionen	15 / 28
Zielgruppe Kinder und Jugendliche	45 / 61
Anforderung an die Tätigkeit in starkem Maße	
Mit Menschen gut umgehen können	85 / 74
Belastbarkeit	48 / 38
Gutes Zeitmanagement	48 / 36
Fähigkeiten erworben in hohem/in sehr hohem Umfang	54 / 16 — 46 / 14
Erwartungen an die Tätigkeit überdurchschnittlich	Helfe anderen Menschen, etwas tun für das Gemeinwohl, Tätigkeit macht Spaß, mit sympathischen Menschen zusammenkommen, Eigenverantwortung, Kenntnisse erweitern, Verfolgung eigener Interessen, Anerkennung

■ In diesem Bereich engagiert   ◻ Durchschnitt in allen Bereichen

Angaben in Prozent und Mittelwerten

Quelle: Picot – Sozialwissenschaftliche Projekte und TNS Infratest Sozialforschung

Abbildung 20: Jugendliche Engagierte (14–24 Jahre) im Bereich freiwillige Feuerwehr und Rettungsdienste, 2009
Anteil an Jugendlichen insgesamt: 4 %

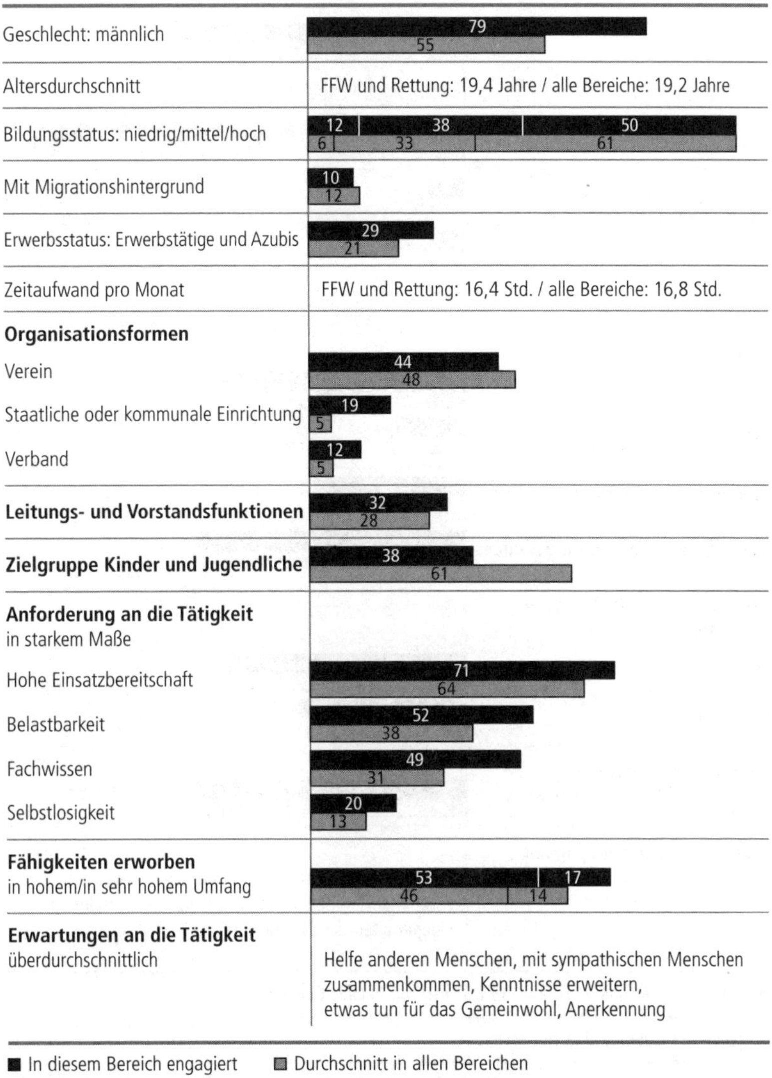

Geschlecht: männlich	79 / 55
Altersdurchschnitt	FFW und Rettung: 19,4 Jahre / alle Bereiche: 19,2 Jahre
Bildungsstatus: niedrig/mittel/hoch	12 / 6 — 38 / 33 — 50 / 61
Mit Migrationshintergrund	10 / 12
Erwerbsstatus: Erwerbstätige und Azubis	29 / 21
Zeitaufwand pro Monat	FFW und Rettung: 16,4 Std. / alle Bereiche: 16,8 Std.
Organisationsformen	
Verein	44 / 48
Staatliche oder kommunale Einrichtung	19 / 5
Verband	12 / 5
Leitungs- und Vorstandsfunktionen	32 / 28
Zielgruppe Kinder und Jugendliche	38 / 61
Anforderung an die Tätigkeit in starkem Maße	
Hohe Einsatzbereitschaft	71 / 64
Belastbarkeit	52 / 38
Fachwissen	49 / 31
Selbstlosigkeit	20 / 13
Fähigkeiten erworben in hohem/in sehr hohem Umfang	53 / 46 — 17 / 14
Erwartungen an die Tätigkeit überdurchschnittlich	Helfe anderen Menschen, mit sympathischen Menschen zusammenkommen, Kenntnisse erweitern, etwas tun für das Gemeinwohl, Anerkennung

■ In diesem Bereich engagiert   ▫ Durchschnitt in allen Bereichen

Angaben in Prozent und Mittelwerten

Quelle: Picot – Sozialwissenschaftliche Projekte und TNS Infratest Sozialforschung

Abbildung 21: Jugendliche Engagierte (14–24 Jahre) im Bereich Freizeit und Geselligkeit, 2009

Anteil an Jugendlichen insgesamt: 3 %

Geschlecht: männlich	65 / 55
Altersdurchschnitt	Freizeit: 19,7 Jahre / alle Bereiche: 19,2 Jahre
Bildungsstatus: niedrig/mittel/hoch	10 / 34 / 56 — 6 / 33 / 61
Mit Migrationshintergrund	8 / 12
Erwerbsstatus: Erwerbstätige	19 / 12
Zeitaufwand pro Monat	Freizeit: 15,2 Std. / alle Bereiche: 16,8 Std.
Organisationsformen	
Verein	56 / 48
Selbst organisierte Gruppe	16 / 11
Leitungs- und Vorstandsfunktionen	35 / 28
Zielgruppe Kinder und Jugendliche	63 / 61
Anforderung an die Tätigkeit in starkem Maße	
Ideenreichtum, Kreativität	56 / 51
Organisationstalent	39 / 34
Fähigkeiten erworben in hohem/in sehr hohem Umfang	50 / 46 — 13 / 14
Erwartungen an die Tätigkeit überdurchschnittlich	Tätigkeit macht Spaß, mit sympathischen Menschen zusammenkommen, Kenntnisse erweitern, Verfolgung eigener Interessen, Eigenverantwortung, Anerkennung

■ In diesem Bereich engagiert ■ Durchschnitt in allen Bereichen

Angaben in Prozent und Mittelwerten

Quelle: Picot – Sozialwissenschaftliche Projekte und TNS Infratest Sozialforschung

Abbildung 22: Jugendliche Engagierte (14–24 Jahre) im Bereich Politik, lokales Bürgerengagement und berufliche Interessenvertretung, 2009
Anteil an Jugendlichen insgesamt: 3 %

Geschlecht: männlich	65 / 55
Altersdurchschnitt	Politik: 20,4 Jahre / alle Bereiche: 19,2 Jahre
Bildungsstatus: niedrig/mittel/hoch	8 / 6 | 18 / 33 | 74 / 61
Mit Migrationshintergrund	7 / 12
Erwerbsstatus: Studierende	31 / 20
Zeitaufwand pro Monat	Politik: 25,6 Std. / alle Bereiche: 16,8 Std.
Organisationsformen	
Partei	34 / 3
Selbst organisierte Gruppe	17 / 11
Leitungs- und Vorstandsfunktionen	45 / 28
Zielgruppe Kinder und Jugendliche	31 / 61
Anforderung an die Tätigkeit in starkem Maße	
Hohe Einsatzbereitschaft	69 / 64
Organisationstalent	46 / 34
Mit Behörden gut umgehen können	27 / 11
Fähigkeiten erworben in hohem/in sehr hohem Umfang	44 / 46 | 19 / 14
Erwartungen an die Tätigkeit überdurchschnittlich	Etwas tun für das Gemeinwohl, Eigenverantwortung, Verfolgung eigener Interessen (Probleme in die Hand nehmen, Nutzen auch beruflich, 2004)

■ In diesem Bereich engagiert   ▨ Durchschnitt in allen Bereichen

Angaben in Prozent und Mittelwerten

Quelle: Picot – Sozialwissenschaftliche Projekte und TNS Infratest Sozialforschung

Abbildung 23: Jugendliche Engagierte (14–24 Jahre) im Bereich Umwelt-, Natur- & Tierschutz, 2009

Anteil an Jugendlichen insgesamt: 2 %

Geschlecht: weiblich	52 / 45
Altersdurchschnitt	Umwelt: 19,5 Jahre / alle Bereiche: 19,2 Jahre
Bildungsstatus: niedrig/mittel/hoch	4 / 43 / 53 — 6 / 33 / 61
Mit Migrationshintergrund	5 / 12
Erwerbsstatus: Erwerbstätige	28 / 12
Zeitaufwand pro Monat	Umwelt: 18,1 Std. / alle Bereiche: 16,8 Std.
Organisationsformen	
Verband	20 / 5
Projekt, Initiative	13 / 7
Leitungs- und Vorstandsfunktionen	13 / 28
Zielgruppe Kinder und Jugendliche	32 / 61
Anforderung an die Tätigkeit in starkem Maße	
Belastbarkeit	46 / 38
Fähigkeiten erworben in hohem/in sehr hohem Umfang	44 / 17 — 46 / 14
Erwartungen an die Tätigkeit überdurchschnittlich	Etwas tun für Gemeinwohl, Verfolgung eigener Interessen, Anerkennung

■ In diesem Bereich engagiert   ▫ Durchschnitt in allen Bereichen

Angaben in Prozent und Mittelwerten

Quelle: Picot – Sozialwissenschaftliche Projekte und TNS Infratest Sozialforschung

Einige Ergebnisse zu zentralen sozialstatistischen Merkmalen seien hier noch festgehalten: So kann man typisch männliche Engagementbereiche erkennen und solche, die von weiblichen Engagierten stärker bevorzugt werden. Im Durchschnitt aller Bereiche liegt der Anteil der männlichen Engagierten bei 55 Prozent, der Prozentsatz der weiblichen Engagierten bei 45 Prozent. Beim Vergleich fällt auf, dass die sozusagen männlichen Bereiche quantitativ noch stärker geschlechtsspezifisch geprägt sind.

Männlich dominiert sind folgende Engagementbereiche:
- Feuerwehren und Rettungsdienste (79 Prozent)
- Sport und Bewegung (66 Prozent)
- Freizeit und Geselligkeit (65 Prozent)
- Politik, lokales Bürgerengagement, berufliche Interessenvertretung (65 Prozent)

Mehrheitlich junge weibliche Engagierte finden sich:
- im kirchlichen Bereich (55 Prozent)
- im sozialen und Gesundheitsbereich (55 Prozent)
- in Schule und Kindergarten (53 Prozent)
- im Bereich Umwelt-, Natur- und Tierschutz (52 Prozent)

Diese Aufteilung entspricht den geschlechtertypischen Klischees und daran hat sich im letzten Jahrzehnt nichts Nennenswertes geändert.

Die öffentliche Aktivität und noch stärker das freiwillige Engagement Jugendlicher sind abhängig vom Bildungsstatus bzw. dem besuchten Schultyp und dem Bildungsabschluss. Wer einen niedrigen Schulabschluss hat oder noch die Hauptschule besucht, ist seltener aktiv und erheblich seltener engagiert als Befragte mit mittlerem oder höherem Bildungsstatus. Somit hat ein beachtlicher Prozentsatz von 61 Prozent der engagierten Jugendlichen einen hohen Bildungsstatus. Ein Drittel der Engagierten hat einen mittleren und nur 6 Prozent haben einen niedrigen Bildungsstatus, gemessen am erreichten oder angestrebten Schulabschluss. [41]

---

41 Vgl. Gliederungspunkt 3.2.

Im politischen Bereich wird der an sich schon hohe Anteil der Engagierten mit gehobenem Bildungsstatus noch erheblich übertroffen (74 Prozent). Weniger zu erwarten ist vielleicht, dass auch im Bereich Sport und Bewegung ein hoher Bildungsabschluss oder entsprechender Schultyp bei jugendlichen Engagierten häufiger vorkommt (67 Prozent). Ebenfalls überdurchschnittlich sind in dieser Hinsicht die Bereiche Kultur und Musik sowie der schulische Bereich und die Jugendarbeit (jeweils 66 Prozent).

In zwei Engagementbereichen sind jugendliche Engagierte mit niedrigem Schulabschluss häufiger vertreten: bei Feuerwehr und Rettungsdiensten (12 Prozent) und in Freizeit und Geselligkeit (10 Prozent). Der Umwelt-, Natur- und Tierschutz ist ein bei Jugendlichen mit mittlerem Bildungsstatus beliebter Bereich und bei den Engagierten im sozialen und Gesundheitssektor sind ebenfalls mittlere und niedrige Schulabschlüsse häufiger. In diesen Bereichen gibt es viele Tätigkeiten mit stärker praktischem Profil, z. B. die Organisation von Veranstaltungen im Bereich Freizeit und Geselligkeit, praktische Arbeiten bei den Feuerwehren und Rettungsdiensten und im Umwelt-, Natur- und Tierschutz, persönliche Hilfeleistungen im sozialen und Gesundheitsbereich.

Die Entwicklung zwischen 1999 und 2009 zeigt eine noch stärkere bildungsspezifische Auswahl. Wie man sehen kann, gibt es Engagementbereiche mit einer weitgehenden bildungs- bzw. schichtspezifischen Monokultur. Das bedeutet auch, dass bestimmte Jugendliche von den Möglichkeiten und Potenzialen des Engagements in diesen Bereichen weitgehend ausgeschlossen bleiben.

Ähnlich sieht es bei den Jugendlichen mit Migrationshintergrund aus. Sie sind nur zu 22 Prozent engagiert und ihr Anteil an allen engagierten Jugendlichen liegt bei 12 Prozent, obwohl sie zu einem hohen Prozentsatz Engagementbereitschaft signalisieren.[42] Überdurchschnittlich oft, gemessen an ihrer Vertretung über alle Bereiche, sind sie im schulischen Bereich engagiert (und ganz geringfügig stärker

---

42 Vgl. die Gliederungspunkte 3.3 und 6.2.

in der Jugendarbeit).[43] Das Ergebnis ist insofern plausibel, als die Institution Schule alle Jugendlichen erreicht; daher bestehen hier ähnliche Ausgangschancen und Zugangsbedigungen zum freiwilligen Engagement für autochthon deutsche Jugendliche wie für Jugendliche mit Migrationshintergrund. Letztere sind in Vereine und andere Organisationen, in denen Gelegenheiten und Anstöße zum Engagement entstehen, sehr viel weniger stark eingebunden.

Schließlich noch einige Anmerkungen zum Engagement von Schülern und Studierenden: Über alle Bereiche gesehen ist das Engagement von Schülern in zwei Tätigkeitsfeldern deutlich stärker ausgeprägt: im kirchlichen Bereich und natürlich im schulischen Bereich. Hier sind 6 Prozent aller Jugendlichen engagiert und die meisten sind Schüler. Es ist also ein relativ großer Engagementbereich, allerdings ohne Zuwachs an Engagierten zwischen 1999 und 2009. Das zeigt die Frage nach den Tätigkeitsfeldern des Engagements, die den Engagementprofilen zugrunde liegt. An anderer Stelle im Fragebogen wurden engagierte Schüler gefragt, ob ihr Engagement »mit der Schule zu tun habe«, und das bejahen 28 Prozent. Sie werden dabei offenbar durch die Schule unterstützt, was 81 Prozent der im Schulbereich engagierten Schüler auf Nachfrage auch angeben. Das Profil für diesen Engagementbereich zeigt, dass Jugendliche hier als organisatorischen Rahmen häufiger selbst organisierte Gruppen, Initiativen und Projekte angeben. Im Zeitvergleich sieht man eine Zunahme der Mitwirkung in solchen informellen Strukturen unter dem Dach der Institution Schule, was auf eine bestimmte Form der Engagementförderung hinweist.[44] Schule soll ja nicht nur selbst Ort für Engagement sein, sondern soll auch Engagement Jugendlicher in anderen Bereichen anregen. Und sie gibt nachweisbar Anstöße dazu, wie noch ausführlicher gezeigt wird – sei es durch soziale Projekte im Unterricht, sei es in Arbeitsgruppen oder durch Zusam-

---

43 Bei einigen analytischen Untergruppen werden die Fallzahlen recht klein und geringe prozentuale Unterschiede liegen innerhalb des Fehlertoleranzbereichs.
44 Der Zusammenhang ist hier vereinfacht dargestellt. Vgl. zu strukturellen Veränderungen Gliederungspunkt 6.1 und zur Schule als Anstoßgeber für Engagement Gliederungspunkt 6.4.

menarbeit mit gemeinnützigen Einrichtungen. Diese Rolle wird natürlich zunehmend wichtiger durch den Trend zur Ganztagsschule.

Das Engagement von Studierenden richtet sich ebenfalls relativ häufig, aber keinesfalls nur, auf die Universität oder Hochschule, nämlich bei knapp einem Drittel der engagierten Studierenden. Sie fühlen sich dort weniger oft unterstützt als Schüler, aber doch zu 65 Prozent. Studierende sind im Vergleich zu ihrem Engagement über alle Bereiche überdurchschnittlich häufig engagiert im sozialen und Gesundheitsbereich, im Bereich Kultur und Musik und in der außerschulischen Jugendarbeit. Ein noch deutlicherer Schwerpunkt ihres Engagements liegt aber im politischen Bereich.

Die Engagementprofile haben beschreibenden Charakter und dienen dazu, die große Bandbreite jugendlicher Mitwirkung zu illustrieren. Wenn von den engagierten Jugendlichen und dem Engagement Jugendlicher die Rede ist, kann es nützlich sein, sich diese Vielfalt vor Augen zu führen.

3 Engagement und Lebenslagen Jugendlicher im Wandel

3.1 Engagement in der Zeitkonkurrenz zu Ausbildung und Beruf

Für Jugendliche steht in der Regel ihre Rolle im Ausbildungssystem oder in der ersten Berufsphase im Mittelpunkt; sie sind Schüler, Auszubildende, Studierende oder junge Erwerbstätige. Zu diesem »Hauptberuf« steht das freiwillige Engagement in Zeitkonkurrenz. Außerdem beschäftigen sich Jugendliche in ihrer Freizeit ausgiebig mit elektronischen Medien (80 Prozent), unternehmen etwas mit Freunden (94 Prozent), machen Sport (75 Prozent), lesen oder tun »etwas Kreatives« (62 Prozent), um nur die wichtigsten Freizeitbeschäftigungen zu nennen.

Im Zeitbudget Jugendlicher nimmt das Internet einen zunehmend größeren Platz ein. Wie verschiedene Studien zeigen, verbringen Jugendliche heute sehr viel mehr Zeit im Netz.[45]

Eine weitere, gravierende Entwicklung im Hinblick auf das Zeitbudget Jugendlicher zeichnet sich im Bildungsbereich ab, denn für viele haben sich die Ausbildungszeiten in Schule und Studium verkürzt. Für die Zeitkonkurrenz mit anderen Aktivitäten, z. B. das freiwillige Engagement, kann das Auswirkungen haben – und diese zeigen sich auch in den Daten.

Abbildung 24 zeigt den Anteil der freiwillig engagierten Jugendlichen im Alter von 14 bis 24 Jahren nach dem »Erwerbsstatus«.

---

45 Vgl. Gliederungspunkt 2.3.

Abbildung 24: »Erwerbsstatus« und freiwilliges Engagement

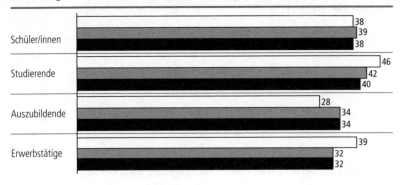

Fehlende zu 100 %: Aktive (ohne Eng.), Nicht-Aktive

☐ 1999 ▨ 2004 ■ 2009

Jugendliche 14 bis 24 Jahre (Angaben in %)

Quelle: Picot – Sozialwissenschaftliche Projekte und TNS Infratest Sozialforschung

Bei den Schülern und Schülerinnen ist insgesamt gesehen der Anteil der Engagierten praktisch unverändert. Einen Rückgang im Engagement – allerdings von sehr hohem Niveau aus – kann man bei den Studierenden feststellen, wobei hier (anders als in Abbildung 26) nur die Studierenden bis 24 Jahre erfasst sind. Auszubildende hatten 2004 eine deutlich höhere Engagementquote als fünf Jahre zuvor und dieser Anteil ist seitdem stabil. Anders bei den erwerbstätigen Jugendlichen: Dort sank die Quote zunächst, um dann stabil zu bleiben.

Was die Schülerinnen und Schüler betrifft, so muss man umgehend ergänzen, dass zwar die Engagementquote für diese Gruppe insgesamt gleich blieb, jedoch die Zeit, die Schülerinnen und Schüler auf ihr Engagement insgesamt verwenden, erheblich abnahm. 2009 verbringen weit mehr Schülerinnen und Schüler nur bis zu inklusive fünf Wochenstunden mit freiwilligem Engagement, nämlich 73 Prozent. Der Anteil derer, die mehr als fünf Stunden aufbringen, ging von 37 Prozent auf 27 Prozent und schließlich 2009 auf 19 Prozent zurück. In keiner anderen Gruppe gab es einen derartigen Rückgang der freiwilligen Tätigkeit.[46]

Diese Daten beziehen sich auf die Zeit, die man pro Woche insgesamt für das Engagement verwendet, wobei es sich auch um mehrere Tätigkeiten handeln kann. Mit einer weiteren Frage wurde ja erhoben, wie viel Zeit die Engagierten pro Monat auf ihre erste (bei vielen einzige) Tätigkeit verwenden. Die Ergebnisse weisen in dieselbe Richtung, der Rückgang ist aber moderater. Ähnlich die Frage danach, wie oft pro Woche man dazu kommt, seinem Engagement nachzugehen: Schülerinnen und Schüler üben ihr Engagement auch weniger oft aus. Für die erste Tätigkeit hat man häufiger als früher statt täglich oder mehrmals pro Woche nur noch einmal pro Woche Zeit. Eine zweite Tätigkeit üben Schüler meist nur noch monatlich oder seltener aus. Die zeitlichen Einschnitte sind also nochmals stärker, wenn eine weitere Tätigkeit hinzukommt.

Wenn man die Engagementquote bestimmter Gruppen von Schülerinnen und Schülern genauer betrachtet, so zeigen sich wesentliche Unterschiede. Zunächst fällt (in Abbildung 25) der enorme Unterschied zwischen der Engagementquote von Gymnasiasten und von Haupt- und Mittelschülern ins Auge (auf die schichtspezifischen Unterschiede, die hier zum Ausdruck kommen, wird später noch genauer eingegangen). Gymnasiasten sind eine besonders stark beteiligte Gruppe von Jugendlichen.

Schülerinnen und Schüler, die das G8 absolvieren, sind allerdings deutlich weniger häufig engagiert als Schüler mit neun Jahren Gymnasialzeit. Mit 41 Prozent liegt der Anteil der G8-Absolventen erheblich unter dem der G9-Schüler mit 51 Prozent. Diese Daten beziehen sich zwar auf Deutschland insgesamt, die Tendenz kommt aber aufgrund der Zahlen in Westdeutschland zustande. Im Osten, wo das G8 schon länger besteht, lässt sich – bei geringen Fallzahlen – dieser Effekt nicht nachweisen.

---

46 Vgl. auch Gliederungspunkt 1.3.

Abbildung 25: Freiwilliges Engagement von Schülerinnen und Schülern, 2009

Haupt-, Real- und Mittelschüler	27
Gymnasiasten	47
G8	41
G9	51
Schüler in ...	
Halbtagsschule	39
Ganztagsschule	31

Fehlende zu 100 %: Aktive (ohne Eng.), Nicht-Aktive

Schüler ab 14 Jahren (Angaben in %)

Quelle: Picot – Sozialwissenschaftliche Projekte und TNS Infratest Sozialforschung

Einen großen Unterschied im Hinblick auf die Engagementquote gibt es auch bei Schülerinnen und Schülern aller Schultypen, je nachdem, ob sie ganztags oder halbtags die Schule besuchen. Diejenigen, die ganztägig Unterricht haben, sind zu 31 Prozent engagiert, gegenüber 39 Prozent der Schülerinnen und Schüler mit Halbtagsunterricht. Im Vergleich zu 2004 ist die Zahl der engagierten Schüler mit Ganztagsunterricht zurückgegangen.

Für Schüler in Ganztagsschulen lässt sich in West und Ost ein negativer Zusammenhang mit der Engagementquote nachweisen. Die Zahl der Schulen mit Ganztagsangeboten hat in Deutschland in den letzten Jahren stark zugenommen. Allerdings war der Trend in Richtung Ganztagsschulen im Westen spürbarer und hängt zum Teil mit der Umstellung auf das achtjährige Gymnasium zusammen. Die offizielle Statistik zeigt, dass der Anteil der Schulen mit Ganztagsbetrieb in den westlichen Bundesländern von einem niedrigeren Niveau aus stärker anstieg. Im bevölkerungsreichen Nordrhein-Westfalen stieg der Anteil der Schulen mit Ganztagsbetrieb zwischen 2004 und

2009 von 20,6 auf 63,9 Prozent.[47] Die Zahl der Schüler, die von dieser Entwicklung betroffen sind, ist entsprechend hoch. Zwar ist in Sachsen, Thüringen und Berlin der Anteil der Ganztagsschulen noch höher, aber die Steigerungsrate war in den meisten westlichen Bundesländern deutlich höher als in den östlichen. Hier hat sich also für mehr Schüler etwas verändert.

Dass insgesamt mehr Schüler eine Ganztagsschule besuchen oder Nachmittagsunterricht haben, spiegeln auch die Daten des Freiwilligensurveys wider.[48] Die Verlegung der Unterrichtszeit in die Nachmittagsstunden hinein verringert unter der Woche die freie Zeit von Schülern deutlich und das kann kaum ohne Auswirkungen auf das freiwillige Engagement bleiben. Nicht zuletzt deshalb gehört das freiwillige Engagement in die Curricula der Ganztagsschule.

Der dritte Freiwilligensurvey stellte auch die Frage, ob Schüler von Ganztagsschulen am Nachmittagsangebot der Schule regelmäßig teilnehmen. Da im Fragetext nicht zwischen offenem und gebundenem Ganztagsunterricht unterschieden wird, ist davon auszugehen, dass die Teilnahme an den Nachmittagsangeboten nur für einige der Schüler verpflichtend ist. Gut ein Drittel der Ganztagsschüler gibt an, solche Angebote wahrzunehmen. Bei ihnen ist der Anteil der aktiven und engagierten Jugendlichen sehr viel höher als bei den anderen Schülern, die ganztags zur Schule gehen. Trotz geringer Fallzahlen in dieser Gruppe ist die Tendenz so eindeutig, dass das Ergebnis beachtet werden muss. Nachmittagsangebote entstehen inzwischen häufiger in Kooperation mit zivilgesellschaftlichen Akteuren, also Vereinen, Verbänden und Wohlfahrtsorganisationen. Dies könnte ein Erklärungsfaktor für den positiven Zusammenhang zwischen der Nutzung von Nachmittagsangeboten und höheren Aktivitäts- bzw. Engagementquoten sein.

---

47 Vgl. KMK 2010 und 2011.
48 Für den West-Ost-Vergleich bezüglich der Entwicklung der Ganztagsschulen wird hier die offizielle Schulstatistik herangezogen, da die Analysegruppe der Schüler im Osten recht klein ist und die Fragestellung (»Ist das eine Ganztagsschule oder eine Halbtagsschule?«) mehr Raum für subjektive Auslegung lässt als die Definition der KMK (vgl. KMK 2011: 4 f.). Weitere Forschung sollte dieser Frage noch detaillierter nachgehen.

Schüler haben, wenn man die auf Engagement verwendeten Zeiten betrachtet, offenbar zunehmend zeitliche Engpässe, aber doch einen weitgehend geregelten Tagesablauf. Sie sind daher in der Lage, ihre Zeit gut zu planen. Das sagen 60 Prozent der Schülerinnen und Schüler; bei den Azubis und bei den erwerbstätigen Jugendlichen liegt der Anteil niedriger und ist bei den Studierenden mit 47 Prozent am geringsten. Studierende verfügen neben dem Studium und dem Jobben auch über deutlich weniger freie Zeit als Schüler und selbst als Auszubildende. Ein Zusammenhang zwischen dem Rückgang der Zeit, die tatsächlich auf das Engagement verwendet wird, z. B. bei Schülern, und den Angaben, ob man »Zeit für andere Dinge« habe, ist nicht erkennbar.

Abbildung 26 (auf S. 75) zeigt den Anteil der Studierenden im Alter von 20 bis 30 Jahren, die sich freiwillig engagieren (im Unterschied zu Abbildung 24 sind hier also auch ältere Studierende einbezogen). Hier wird eine unterschiedliche Entwicklung bei jüngeren und älteren Studierenden sichtbar. Während bei den 20- bis 24-Jährigen das Engagement von hohem Niveau aus schrittweise zurückging, nahm es bei den Studierenden zwischen 25 und 30 Jahren deutlich zu. Die Entwicklung ist also beinahe spiegelbildlich. Eine mögliche Erklärung wäre, dass sich die Arbeitsbelastung im Studium nach Einführung der Bachelor- und Masterstudiengänge anders verteilt. Studierende im Bachelorstudiengang sind in der Regel etwa 20 bis 24 Jahre alt und stehen unter einem strengeren Zeitregime, was den Rückgang des Engagements erklären könnte. Zu berücksichtigen ist, dass sich die Auswirkungen der Studienreform in vollem Umfang erst in einigen Jahren zeigen können. Gerade auch im Hinblick auf die Zunahme des Engagements bei älteren Studierenden kommen wohl noch andere Einflussfaktoren zum Tragen, die untersucht werden müssten.

Jugendforscher sprachen etwa seit Anfang der 90er Jahre von einer Ausdehnung der Jugendphase.[49] Vor allem war damit gemeint, dass gewachsene Qualifikationsanforderungen und längere Aus-

---

49 Vgl. Silbereisen, Vaskovic und Zinnecker 1996; Hurrelmann 2005.

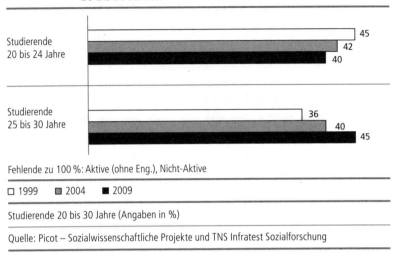

bildungszeiten die Vorerwerbsphase verlängerten. Wir erleben heute für Teile der Jugend eine Gegenbewegung. Bei eher weiter steigenden Anforderungen an das Qualifizierungsniveau werden Schul- und Studienzeiten verkürzt bzw. komprimiert. Durch das Wegfallen des Wehr- und Zivildienstes verkürzt sich die Vorerwerbsphase zusätzlich für die männlichen Jugendlichen. Möglicherweise können Freiwilligendienste von dieser Entwicklung profitieren, wenn eventuell mehr Jugendliche angesichts der subjektiv wahrgenommenen, relativen Verkürzung der Ausbildungszeit eine Auszeit nehmen und sich in einem Freiwilligen Jahr oder im Bundesfreiwilligendienst engagieren. Das freiwillige Engagement im Alltag aber scheint eher unter einer komprimierten Ausbildungszeit zu leiden.

3.2 Engagement nach Bildungsstatus: schichtspezifische Selektion

Bei Jugendlichen im Alter von 14 bis 24 Jahren ist der Bildungsstatus ein zentraler Erklärungsfaktor für freiwilliges Engagement. Nur die

Mitgliedschaft in Vereinen und Organisationen ist noch bedeutsamer für das Zustandekommen von Engagement.[50] Der Bildungsstatus wird bestimmt durch den höchsten erreichten Schulabschluss und bei Schülern durch den besuchten Schultyp bzw. den angestrebten Schulabschluss.[51] Für die Schichtzugehörigkeit von Jugendlichen ist der Bildungsstatus bzw. der formale Bildungsgrad ein zentraler Indikator.

Das Niveau der Bildungsabschlüsse hat sich allerdings im Untersuchungszeitraum erheblich verschoben. Es gibt nun weit mehr Jugendliche, die das Gymnasium besuchen und mit dem Abitur abschließen. Immer mehr Jugendliche streben höhere Bildungsabschlüsse an und das Niveau der Abschlüsse war in Deutschland noch nie so hoch.[52] Entsprechend nahm nach den Daten des Freiwilligensurveys der Anteil der Jugendlichen in der Kategorie »hoher Bildungsstatus« zwischen 1999 und 2009 stark zu: auf 48,5 Prozent. Weniger Jugendliche sind nun in der Kategorie »mittlerer Bildungsstatus«; ihr Anteil ging auf 40 Prozent zurück. Und während im ersten Freiwilligensurvey noch 15 Prozent der Jugendlichen einen »niedrigen Bildungsstatus« aufwiesen, hat sich dieser Anteil auf 11,5 Prozent verringert.[53]

Abbildung 27 illustriert, wie sich im Zeitverlauf die bildungsspezifische Auswahl der freiwillig Engagierten immer stärker ausprägt. Bereits 1999 gab es einen beträchtlichen Unterschied im Hinblick auf

---

50 Das zeigt sehr deutlich die Regressionsanalyse in Kapitel 4 dieses Berichts.
51 Die Kategorien »niedriger«, »mittlerer« und »hoher Bildungsstatus« sind in Fußnote 39 erklärt. Im ersten FWS konnte die Einordnung in die drei Kategorien für Schüler noch nicht ganz so differenziert vorgenommen werden. Das bedeutet eine leichte Einschränkung in der Vergleichbarkeit der Daten von 1999 gegenüber den beiden anderen Erhebungszeitpunkten.
52 In sozialwissenschaftlichen Studien wird es auch aufgrund dieser Entwicklung immer üblicher, sich an der international vergleichbaren Klassifikation des Bildungswesen (ISCED) auszurichten. »Hoher Bildungsstatus« bedeutet dann, dass Personen über einen akademischen Abschluss, einen Meister- oder Fachhochschulabschluss verfügen. (Vgl. z. B. Statistisches Bundesamt, Datenreport 2011) Aus Gründen der Vergleichbarkeit bleiben wir bei der Zuordnung, wie sie im Jugendbericht zum zweiten Freiwilligensurvey (vgl. Picot 2006) benutzt wurde.
53 Zur Verschiebung bei den Abschlüssen vgl. die Grund- und Strukturdaten des BMFSFJ 2008. Zur Verschiebung des gesamten Aspirationsniveaus vgl. auch Leven, Quenzel und Hurrelmann 2010.

Aktivität und Engagement je nach Schulabschluss der Jugendlichen. Bis 2009 hat sich diese Situation erheblich weiter verschärft: Nur 19 Prozent der Jugendlichen mit niedrigem Bildungsstatus sind engagiert, demgegenüber 44 Prozent mit hohem Bildungsstatus. Auch bei den Jugendlichen mit mittleren Bildungsabschlüssen ging der Anteil der freiwillig engagierten nach und nach zurück – etwa in dem Maße, wie der Anteil der Nur-Aktiven zunahm. Was die niedrigste Bildungsgruppe betrifft, so erscheint besonders problematisch, dass sich nicht nur der Anteil der Engagierten, sondern seit 2004 auch der Anteil der Jugendlichen verringert hat, die überhaupt in einem öffentlich zugänglichen Kontext mitmachen, also nur aktiv sind. Damit ist der Anteil der Nicht-Aktiven auf nun 40 Prozent gegenüber 16 Prozent bei Jugendlichen mit hohem Schulabschluss gestiegen. Öffentliche Aktivität, wie sie hier genannt wird, ist eine Art Vorstufe, ja Vorbedingung für stärkere Teilhabe, z. B. in Form von freiwilligem Engagement.

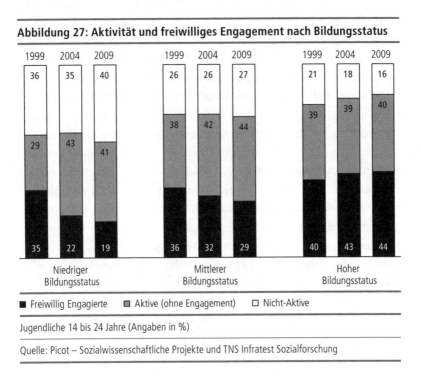

Abbildung 27: Aktivität und freiwilliges Engagement nach Bildungsstatus

Jugendliche 14 bis 24 Jahre (Angaben in %)

Quelle: Picot – Sozialwissenschaftliche Projekte und TNS Infratest Sozialforschung

Bei der Interpretation ist, wie schon erwähnt, zu berücksichtigen, dass die Zusammensetzung der drei Bildungsgruppen sich im Laufe der letzten zehn Jahre verändert hat. In der Jugendforschung spricht man davon, dass die Bildungswelten Jugendlicher auseinanderdriften. Die wenigen jungen Menschen mit Hauptschulabschluss und erst recht diejenigen ohne Schulabschluss fühlen sich immer mehr in einer desolaten Lage. Sie sehen kaum Chancen, ihre beruflichen Wünsche zu verwirklichen, und während die Mehrheit der Jugendlichen zuversichtlich die eigene Zukunft gestaltet, nimmt bei ihnen der Pessimismus zu. Dies zeigt in aller Deutlichkeit die Shell Jugendstudie von 2010 im Zeitvergleich mit den vorhergehenden Shell Jugendstudien.[54]

Eine ähnliche Entwicklung kann man im Freiwilligensurvey erkennen: Die Jugendlichen mit schlechten Bildungsvoraussetzungen sind immer weniger integriert in zivilgesellschaftliche Zusammenhänge. Aktive Teilnahme an öffentlichen Angeboten und freiwilliges Engagement sind Indikatoren für soziale Integration. Wer sich engagiert, kann Kompetenzen erwerben, hat Chancen zur individuellen Weiterentwicklung und zur gesellschaftlichen Gestaltung. Diese Möglichkeiten kommen derzeit vor allem den Jugendlichen mit per se besseren sozialen Ausgangsbedingungen zugute. Für die geringer Qualifizierten dreht sich eine Abwärtsspirale. Schon 2004 konstatierte die Jugendauswertung des zweiten Freiwilligensurveys, dass ein kompensatorischer Beitrag freiwilligen Engagements bei Jugendlichen praktisch nicht festzustellen ist.[55] Ihrem freiwilligen Engagement haftet eher etwas von Elitebildung an. Das Problem ist vielschichtig und man muss ihm sowohl auf bildungs- und gesellschaftspolitischer Ebene wie auf der Ebene ganz konkreter Jugendgruppenpädagogik vonseiten der Träger begegnen.

Das formale Bildungsniveau in Deutschland erhöhte sich bei Jugendlichen wie gezeigt seit Ende der 90er Jahre beträchtlich, es stieg aber auch in der Bevölkerung insgesamt. Und auch der Trend zu ei-

---

54 Vgl. Kapitel 2, 5 und 7 der Shell Jugendstudie 2010.
55 Vgl. Picot 2006 in Gensicke, Picot und Geiss 2006. Andere Studien kommen zu einem vergleichbaren Schluss: vgl. Düx et al. 2008 und die Expertise von Picot und Geiss 2007.

ner zunehmenden bildungsspezifischen Auswahl im Engagement machte sich generell bemerkbar, wenn auch bei Jugendlichen besonders stark. Der Anteil der Jugendlichen mit hohem Bildungsstatus unter den 14- bis 24-jährigen Engagierten liegt bei 61 Prozent. Sieht man auf den größten Engagementbereich, den Sport, so sind es hier 66 Prozent der engagierten Jugendlichen. Auch bei den im Sport Engagierten aller Altersgruppen liegt der Anteil der Personen mit hohem Bildungsstatus sehr hoch, nämlich bei 54 Prozent. 1999 waren es noch 40 Prozent. Braun spricht diesbezüglich von einer Akademisierung des Ehrenamts im Sportbereich.[56] Die Entwicklung ist, wie bei den Jugendlichen zu sehen, nicht nur auf einen allgemeinen Anstieg des Bildungsniveaus zurückzuführen. Auf der Makroebene gibt es Tendenzen zu zunehmender gesellschaftlicher Ungleichheit, auf die reagiert werden muss; auf der Mesoebene ist über die institutionellen Auswahlmechanismen und Rahmenbedingungen nachzudenken und hier auch über sich selbst verstärkende Mechanismen.

3.3 Jugend mit Migrationshintergrund: Engagement und Integration

Was über Jugendliche mit niedrigem Bildungsstatus gesagt wurde, trifft zum Teil auch auf Jugendliche mit Migrationshintergrund[57] zu,

---

56 Vgl. Braun 2011: 45 f.
57 Als Personen mit Migrationshintergrund gelten zum einen Befragte mit ausländischer Staatsangehörigkeit, zum anderen (unabhängig von der Staatsangehörigkeit) Befragte, die im Ausland geboren sind und bei denen mindestens ein Elternteil ebenfalls im Ausland geboren ist, und außerdem (unabhängig von Staatsangehörigkeit und Geburtsland des Befragten) Personen, bei denen beide Elternteile im Ausland geboren sind. Nicht als Migrant bzw. als Person ohne Migrationshintergrund gilt dementsprechend, wer von der Staatsangehörigkeit her Deutscher ist, in Deutschland geboren ist und nur ein Elternteil hat, das im Ausland geboren ist. Diese Definition wurde bereits 2004 verwendet und 2009 unverändert übernommen. Der Freiwilligensurvey mit seiner großen Stichprobe ermöglicht eine relativ gute Erfassung von in Deutschland lebenden Personen mit Migrationshintergrund. Dennoch bedarf es, um eine exakt repräsentative Abbildung dieses Bevölkerungsanteils und insbesondere auch der Migranten türkischer und arabischer Herkunft zu erreichen, einer hierfür eigens angelegten Umfrage, die den entsprechenden Sprachhintergrund berücksichtigt.

denn beide Gruppen überschneiden sich relativ stark. Allerdings zeigen die Daten der letzten beiden Surveys, dass inzwischen schon mehr Schüler mit Einwanderungshintergrund das Gymnasium besuchen. Dieser Anteil ist zwischen 2004 und 2009 gestiegen, aber der Unterschied zu Schülern ohne Migrationshintergrund ist immer noch erheblich.

Wie Abbildung 28 zeigt, sind 2009 bei den 14- bis 24-Jährigen nur 22 Prozent der Jugendlichen mit Einwanderungsgeschichte freiwillig engagiert; der Anteil der Nicht-Aktiven liegt mit 34 Prozent deutlich höher als bei den einheimisch deutschen Jugendlichen. In den Jahren zwischen 2004 und 2009 hat sich diese Situation nicht geändert. Bezieht man die bis 30-Jährigen ein, so ergibt sich ein ähnliches Bild; hier sind 2009 allerdings sogar fast 40 Prozent der jungen Menschen mit Migrationshintergrund nicht aktiv.

Abbildung 28: Aktivität und freiwilliges Engagement bei jungen Menschen mit und ohne Migrationshintergrund

	2004	2009	2004	2009	2004	2009	2004	2009
Nicht-Aktive	34	34	22	21	37	38	24	22
Aktive (ohne Engagement)	44	44	40	41	42	42	39	40
Freiwillig Engagierte	22	22	38	38	21	20	37	38
	Mit Migrationshintergrund		Ohne Migrationshintergrund		Mit Migrationshintergrund		Ohne Migrationshintergrund	
	14–24				14–30			

■ Freiwillig Engagierte   ■ Aktive (ohne Engagement)   □ Nicht-Aktive

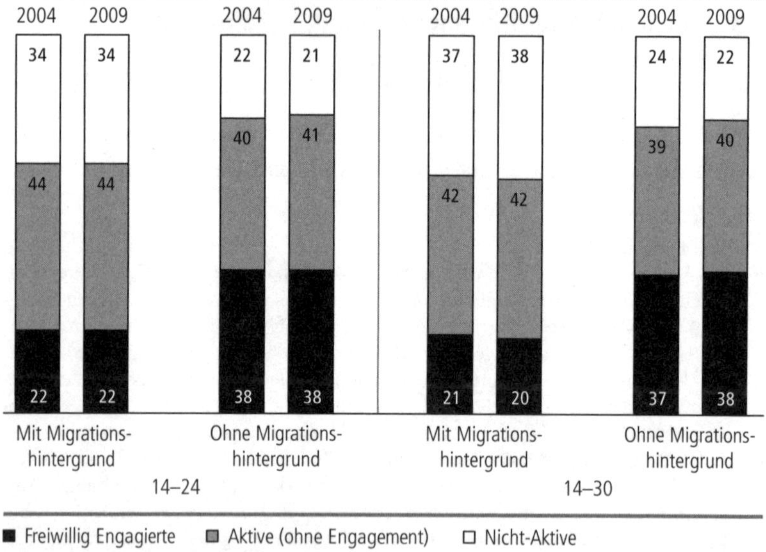

Junge Menschen 14 bis 30 Jahre (Angaben in %)

Quelle: Picot – Sozialwissenschaftliche Projekte und TNS Infratest Sozialforschung

Mangelnde Bereitschaft zu freiwilligem Engagement ist nicht die Ursache für die geringe Engagementquote bei Jugendlichen mit Migrationsgeschichte. Wie Abbildung 29 zeigt, hat die Bereitschaft, sich »vielleicht« zu engagieren, bei den 14- bis 24-Jährigen enorm zugenommen: von 29 auf 38 Prozent. Auch wenn man die jungen Leute bis 30 Jahre einbezieht, lässt sich diese Zunahme verzeichnen. Der Anteil der nicht zum Engagement Bereiten ist jedenfalls sehr viel geringer geworden. Diese positive Tendenz zu größerer Engagementbereitschaft charakterisiert alle Jugendlichen – ob mit oder ohne Migrationshintergrund. Allerdings handelt es sich um einen Anstieg der eher unverbindlichen Bereitschaft. Der Anteil derer, die bestimmt bereit wären, ein freiwilliges Engagement zu übernehmen, die also auf diese Frage uneingeschränkt mit Ja antworten, ging generell

Abbildung 29: Engagementbereitschaft bei jungen Menschen mit und ohne Migrationshintergrund

	2004	2009	2004	2009		2004	2009	2004	2009
nicht bereit	31	24	20	14		31	26	20	14
evtl. bereit	29	39	24	32		30	39	24	32
bestimmt bereit	18	15	18	16		18	15	19	16
Freiwillig Engagierte	22	22	38	38		21	20	37	38
	Mit Migrationshintergrund		Ohne Migrationshintergrund			Mit Migrationshintergrund		Ohne Migrationshintergrund	
	14–24					14–30			

■ Freiwillig Engagierte   ■ bestimmt bereit   ▨ evtl. bereit   □ nicht bereit

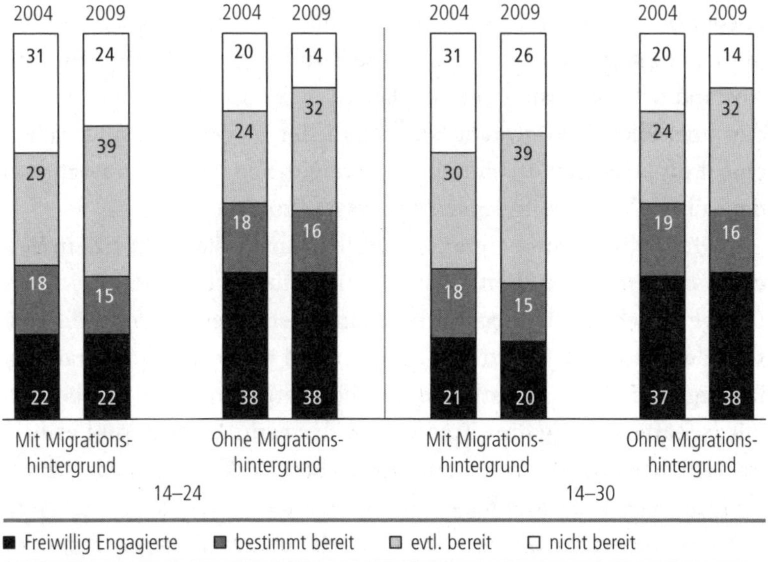

Junge Menschen 14 bis 30 Jahre (Angaben in %)

Quelle: Picot – Sozialwissenschaftliche Projekte und TNS Infratest Sozialforschung

zurück. Zwischen dem guten Willen und der tatsächlichen Umsetzung liegen noch einige Schritte. Entscheidend dabei könnte bei Jugendlichen mit Migrationshintergrund der immer noch geringe Zugang zu zivilgesellschaftlichen Strukturen sein.

Wenn Jugendliche mit Migrationshintergrund aktiv sind, dann am häufigsten im Bereich Sport, was sich in ihrer Engagementquote aber nicht entsprechend wiederspiegelt. In nahezu allen anderen Tätigkeitsbereichen liegt ihr Anteil an Aktiven deutlich unter ihrem proportionalen Anteil an der Bevölkerung. Die Differenz zu einheimisch deutschen Jugendlichen ist dort geringer oder verschwindet sogar, wo eine institutionelle Anbindung gegeben ist, wie es in der Schule bzw. im Bereich Schule und Kindergarten der Fall ist.

Dass die Einbindung in gesellschaftliche Strukturen bei Jugendlichen mit Migrationshintergrund ansonsten gering ist, zeigen auch die Antworten auf die Frage nach der Mitgliedschaft in gemeinnützigen Vereinen und Organisationen. Für die 14- bis 24-Jährigen gilt: Während 31 Prozent der einheimisch deutschen Jugendlichen Mitglieder in einem Verein sind, ist der Anteil bei Jugendlichen mit Migrationshintergrund nur halb so groß und liegt bei 16 Prozent. Mit Abstand am häufigsten geht es dabei um Sportvereine. Drei Viertel der jugendlichen Migranten, die Mitglieder in Vereinen sind, geben eine Mitgliedschaft in einem Sportverein an, bei den autochthon deutschen Vereinsmitgliedern sind es 63 Prozent.[58]

Bereits Kinder aus Migrationsfamilien sind seltener in einem Verein – das ergab die Word Vision Kinderstudie. Hier zeigt sich im Übrigen auch für die Sportvereine ein erheblicher Unterschied zwischen einheimisch deutschen Kindern und Kindern mit Migrationshintergrund.[59] In autochthon deutschen Familien haben solche Mitgliedschaften häufig eine Tradition in der Familie. Zwar gibt es hier im Hinblick auf die Vereinsmitgliedschaft deutliche soziale Unterschiede, aber insgesamt haben die autochthon Deutsche eine größere Nähe zu Vereinsstrukturen. Dort jedoch entsteht Engagement, man

---

58 Vgl. Gliederungspunkt 6.2.
59 Vgl. Leven u. Schneekloth 2010.

bekommt Gelegenheiten und erhält Anstöße, sich zu engagieren. Insofern müsste man, um die Integration Jugendlicher in Vereinsstrukturen und damit die Ausgangsbedingungen für Engagement zu verbessern, dafür sorgen, dass bereits die Kinder aus Migrationsfamilien besser eingebunden werden.

Ein wichtiger Faktor für das Zustandekommen von öffentlicher Aktivität und freiwilligem Engagement ist die Dauer der Ansässigkeit am Wohnort. Vor allem spielt es eine Rolle, ob man schon von Geburt an am selben Ort wohnt. Dieser Anteil ist bei Jugendlichen mit Einwanderungsgeschichte erwartungsgemäß niedrig. Sie leben zudem relativ häufig in größeren Städten, wo die Engagementquote geringer ist als z. B. auf dem Land oder im Umkreis von Städten.

Der Akzent im sozialen Miteinander liegt bei Jugendlichen mit Einwanderungshintergrund stärker in den familiären Netzwerken. Sie stammen häufiger aus großen Familien und wenn es um Hilfeleistungen für oder durch andere geht, dann steht die Familie im Vordergrund, während bei den deutschen Jugendlichen die gegenseitige Unterstützung im Freundes- und Bekanntenkreis überwiegt.

Die wohl wichtigste Erklärung für den geringeren Anteil an öffentlich aktiven und freiwillig engagierten Jugendlichen mit Migrationshintergrund liefert neben dem schichtspezifischen Aspekt der Zugang zu zivilgesellschaftlichen Strukturen. In den letzten Jahren hat sich hier anscheinend wenig verbessert – trotz primär großer und gewachsener Bereitschaft von Jugendlichen, mitzumachen und sich zu engagieren.

3.4 Junge Frauen – junge Männer: Engagement und Lebensplanung

Im Leben von Männern und Frauen spielt freiwilliges Engagement eine ganz unterschiedliche Rolle. Es wird in die geschlechtsspezifischen Lebenspläne und Lebensläufe jeweils anders integriert und zeigt sich als wesentlich von der Rolle der Frau in der Familie beeinflusst. Man erkennt vor der Familienphase eine starke Konzentration junger Frauen auf den beruflichen Werdegang. Während der Familienphase verbinden Frauen und immer häufiger auch Männer das freiwillige Engagement, das oft auch auf die Aktivitäten der eigenen Kinder in Kindergarten, Schule oder Sportverein bezogen ist, mit ihren Aufgaben als Eltern. Gegen Ende der Familienphase geht bei Frauen das Engagement zurück, bekommt aber zwischen 60 und 70 Jahren nochmals einen größeren Stellenwert. Im höheren Alter verringert sich ihr Engagement früher und stärker als bei Männern. In fast jedem Lebensalter sind Frauen seltener freiwillig engagiert als Männer und ihre Engagementquote ändert sich, je nachdem in welcher Lebensphase sie sich befinden. Dagegen unterliegt das Engagement von Männern kaum altersspezifischen Schwankungen (siehe Abb. 30).[60]

In der jüngsten Altersgruppe, bei den 14- bis 19-Jährigen, ist das Engagement weiblicher Jugendlicher 2009 sogar stärker ausgeprägt

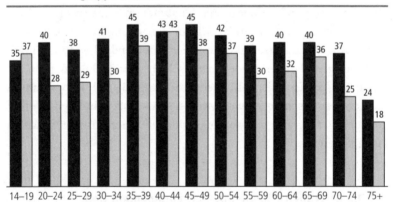

Abbildung 30: Freiwillig engagierte Männer und Frauen nach Altersgruppen, 2009

14–19 20–24 25–29 30–34 35–39 40–44 45–49 50–54 55–59 60–64 65–69 70–74 75+
Fehlende zu 100 %: Aktive (ohne Eng.), Nicht-Aktive

■ Männer   □ Frauen

Bevölkerung ab 14 Jahren (Angaben in %)

Quelle: Picot – Sozialwissenschaftliche Projekte und TNS Infratest Sozialforschung

60 Vgl. Picot 2011: Lebensphasen und Engagement im Spiegel der Geschlechterdifferenz.

als das der männlichen Jugendlichen und Mädchen steigen auch früher ins Engagement ein, wie bereits gezeigt wurde.[61] Bis zum Alter von unter 20 Jahren sind noch 37 Prozent der weiblichen Jugendlichen engagiert, bei den 20- bis 24-Jährigen sind es dann nur noch 28 Prozent gegenüber 40 Prozent der jungen Männer.

Die Abbildung verdeutlicht das erheblich geringere Engagement junger Frauen ab dem Alter von 20 Jahren. In der Phase zwischen 20 und Mitte 30 steht für sie offenbar neben persönlichen Themen wie der Partnerschaft die berufliche Qualifizierung im Vordergrund. Erst ab Mitte 30 nimmt das freiwillige Engagement von Frauen wieder zu.

Weibliche Jugendliche, so zeigt es die Shell Jugendstudie, äußern früher und ausgeprägter einen Kinderwunsch als männliche Jugendliche und die Familie ist früher Teil ihrer Lebensplanung. Gleichzeitig entwickeln sie große Zielstrebigkeit bei ihrer Qualifikation, die auch darauf beruht, dass sie vor der Familiengründung und eventuellen Mutterschaft ein gutes berufliches Fundament gelegt haben wollen. In gewisser Weise kann man hier von einer Vorwegnahme der Vereinbarkeitsproblematik sprechen. Die Fokussierung auf die Ausbildung und die Etablierung einer beruflichen Basis spiegelt sich auch in den Wertepräferenzen weiblicher Jugendlicher wider. Sie betonen stärker als männliche Jugendliche die Bedeutung von Fleiß und Ehrgeiz. Ihre Bemühungen gelten dabei aber nicht so sehr Zielen wie Macht und Einfluss oder einem hohen Lebensstandard, sondern sie sind eher vom Streben nach Sicherheit geleitet.[62]

Junge Frauen setzen offenbar Prioritäten und freiwilliges Engagement steht nicht unbedingt an erster Stelle. Diejenigen, die sich in dieser Lebensphase engagieren, verwenden meist deutlich weniger Zeit auf ihre freiwillige Tätigkeit als junge Männer. Das gilt besonders für die Frauen zwischen 25 und 30 Jahren. Auch übernehmen junge Frauen seltener leitende Funktionen im Engagement.[63]

---

61 Vgl. Tabelle 1.
62 Vgl. Shell Jugendstudien 2006 und 2010, insbesondere Langness, Leven und Hurrelmann 2006; Leven Quenzel und Hurrelmann 2010; Gensicke 2006.
63 Vgl. ausführlicher Gliederungspunkt 6.3.

Abbildung 31 veranschaulicht die Rolle von Aktivität und Engagement bei jungen Frauen und jungen Männern in verschiedenen Altersgruppen bis 30 Jahre. Die Daten sind auch im Zeitvergleich sehr aufschlussreich.

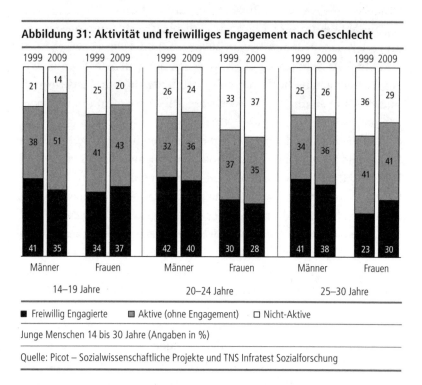

In der Altersgruppe der 14- bis 19-Jährigen ging das freiwillige Engagement männlicher Jugendlicher zurück, aber sie waren zunehmend öffentlich aktiv. Das wirkt allerdings zum Teil wie ein Rückfall von verbindlichem Engagement in nur noch unverbindliche Beteiligung. Durch die Zunahme des Engagements bei den 14- bis 19-jährigen weiblichen Jugendlichen haben sich die Unterschiede hier weitgehend ausgeglichen, das Engagement der jungen Frauen war sogar stärker ausgeprägt. Ab dem Alter von 20 Jahren nimmt das freiwillige Engagement bei jungen Männern zu und bleibt stabil bis zum Alter von 30 Jahren. Bei den jungen Frauen dagegen gibt es ab 20 den erwähnten Einbruch im Engagement. Auch die öffentliche Aktivität ist erheblich geringer als in der offenbar noch unbeschwerteren Altersphase zuvor. Im Zeitvergleich waren Engagement und Aktivität rückläufig. In der Altersgruppe ab 25 Jahren hat sich die Engagementquote der jungen Frauen bis 2009 von sehr niedrigem Niveau aus aber verbessert. Damit hat sie sich bei jungen Männern und Frauen zwischen 14 und 30 Jahren insgesamt etwas angeglichen.

Bei der Interpretation dieser Daten sollte man berücksichtigen, dass sich im untersuchten Zeitraum bei jungen Menschen vermehrt Angst und Unsicherheit breitgemacht hatten. Sie sorgten sich vor allem um ihre Chancen auf einen stabilen Arbeitsplatz, wie die Shell Jugendstudie von 2006 sehr deutlich zeigte. Diese Sorgen und Ängste waren bei den weiblichen Jugendlichen bzw. jungen Frauen noch ausgeprägter, aber männliche Jugendliche waren ebenfalls stark betroffen und sorgten sich um ihre berufliche Perspektive. 2010 hat sich diese Situation verbessert, die Zuversicht der jungen Leute ist wieder gewachsen.[64] Dennoch muss man diese Entwicklung im Hinterkopf behalten, wenn man über die starke Fokussierung Jugendlicher auf ihre Ausbildung und ihre Berufschancen spricht. Sie kann für eine Abnahme des Engagements junger Frauen und Männer mitverantwortlich sein.

3.5 Zunehmende Mobilität und die Folgen

Für das Zustandekommen und Beibehalten von freiwilligem Engagement spielt die regionale Mobilität eine Rolle. Damit ist hier der Wechsel des Wohnorts gemeint. Dem Thema »regionale Mobilität« nähert man sich im Freiwilligensurvey über die Dauer der Ansässigkeit am Wohnort. Hier zeigen sich für den Zeitraum von 1999 bis 2009 interessante Veränderungen.

Abbildung 32 (S. 89) lässt eine Tendenz erkennen, die generell in der Bevölkerung zugenommen hat, die aber besonders stark bei jüngeren Menschen zu erkennen ist: Immer weniger der 14- bis 30-Jäh-

---

64 Vgl. Shell Jugendstudien 2006 und 2010.

rigen wohnen seit ihrer Geburt am selben Ort, deutlich stärker ist der Anteil derer geworden, die erst seit bis zu zehn Jahren am Wohnort leben. Erstaunlicherweise ist sogar bei den 14- bis 24-Jährigen schon eine hohe regionale Mobilität festzustellen. Dieser Trend ist sowohl in Ost- wie in Westdeutschland zu verzeichnen.[65] Die Entwicklung wird zu einem guten Teil auf einen häufigeren Wohnortwechsel der Eltern zurückzuführen sein, denn Jugendliche leben heute noch relativ lange bei den Eltern (allerdings hat der Anteil der bei den Eltern Wohnenden nach den Daten der Shell Jugendstudie 2010 in den letzten Jahren nicht zugenommen).[66] Die meisten jungen Menschen sind über 20, wenn sie aus dem Elternhaus ausziehen. Hierzu steht die im Freiwilligensurvey beobachtete Tendenz zum Wohnortwechsel empirisch wie statistisch nicht in Widerspruch, denn wie gesagt geht es vielfach auch um die Mobilität der Eltern.[67] Auf der anderen Seite werden Jugendliche der sogenannten pragmatischen Generation als sehr leistungsorientiert beschrieben. Sie passen sich den Gegebenheiten flexibel an und dazu gehört auch eine wachsende Mobilitätsbereitschaft, um ihre Ausbildungs- oder Berufschancen zu verbessern.[68]

Der Anteil der Jugendlichen, die seit ihrer Geburt am selben Ort wohnen, ist beträchtlich zurückgegangen: um 12 Prozentpunkte bei den 14- bis 24-Jährigen und auch bei den 14- bis 30-Jährigen. Bei den jungen Menschen, die weniger als drei Jahre am derzeitigen Wohnort leben, kann es sich durchaus um eigene Mobilität handeln, bei den etwas Älteren gilt das auch für eine Ansässigkeit von drei bis zehn Jahren.

Es gibt gewisse Bruchstellen für freiwilliges Engagement im Leben junger Menschen. Wenn die Schule abgeschlossen ist und sie einen anderen Ausbildungsabschnitt beginnen, wenn sie ins Berufsleben wechseln oder wenn sie eine Familie gründen, ändern sich häufig

---

65 Es wurden keine weiteren Fragen zur Mobilität gestellt; insofern lässt sich über eine Ost-West-Richtung der Mobilität an dieser Stelle nichts sagen.
66 Vgl. Leven, Quenzel und Hurrelmann 2010.
67 Vgl. zur regionalen Mobilität unterschiedlicher Altersgruppen den Hauptbericht des dritten Freiwilligensurveys in Gensicke und Geiss 2010: Teil B.
68 Die beschriebene Tendenz zu erhöhter regionaler Mobilität wird in jedem Fall weiter zu beobachten und zu untersuchen sein.

Abbildung 32: Dauer der Ortsansässigkeit bei jungen Menschen

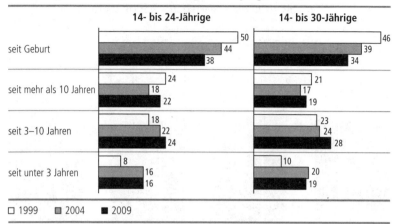

Junge Menschen 14 bis 30 Jahre (Angaben in %)

Quelle: Picot – Sozialwissenschaftliche Projekte und TNS Infratest Sozialforschung

die Lebensumstände und der Wohnort. Mobilität junger Menschen hat als Hintergrund auch die regional unterschiedlich verteilten Chancen auf Arbeit. Zunehmende Mobilität bleibt nicht ohne Folgen für das freiwillige Engagement. Wie wichtig die Gelegenheitsstrukturen für das Zustandekommen von freiwilligem Engagement sind, also der Zugang zu Aktivitäten in Vereinen, Verbänden, Organisationen, Gruppierungen vor Ort, wurde in diesem Bericht z. B. mit Bezug auf die Jugendlichen mit Migrationshintergrund schon erörtert. Diese Strukturen müssen bei jedem Wohnortwechsel wieder neu hergestellt werden. Bei einem Wegzug, z. B. nach dem Abitur, endet in aller Regel das Engagement, das vielleicht in einer anderen Lebenssituation und einem anderen Engagementbereich wieder aufgenommen wird.

Abbildung 33 (S. 90) veranschaulicht die Relation zwischen der Dauer der Ansässigkeit am Wohnort und dem freiwilligen Engagement. Junge Menschen, die seit ihrer Geburt am selben Wohnort leben, sind mit Abstand am häufigsten freiwillig engagiert. Im Gegensatz zur abnehmenden Tendenz des Engagements in dieser Altersgruppe hat der Anteil der Engagierten bei den Sesshaften sogar zugenommen.

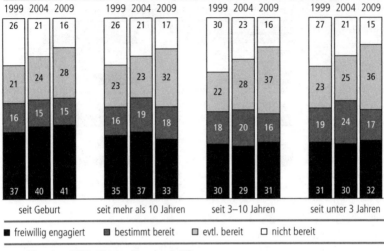

Abbildung 33: Engagement und Bereitschaft zum Engagement bei 14- bis 30-Jährigen nach Dauer der Ortsansässigkeit

Junge Menschen 14 bis 30 Jahre (Angaben in %)
Quelle: Picot – Sozialwissenschaftliche Projekte und TNS Infratest Sozialforschung

Wer nicht seit seiner Geburt am selben Ort ansässig ist, bei dem ist freiwilliges Engagement seltener. Das trifft sogar schon auf diejenigen Befragten zu, die seit immerhin zehn Jahren am Wohnort leben. Allerdings ist bei den jungen Menschen, die zugezogen sind, die Bereitschaft zum Engagement sehr hoch und auch deutlich gestiegen.

Tabelle 5 hält noch einige andere interessante Entwicklungen fest, die mit der Thematik der sozialen Einbindung am Wohnort zusammenhängen. Während die Dauer der Ortsansässigkeit zurückging, schätzen nach wie vor sehr viele junge Menschen den Zusammenhalt am Wohnort als sehr gut oder gut ein. Dieser Wert beruht auf einer relativ allgemein gehaltenen subjektiven Einschätzung; etwas konkreter ist die Frage nach der Größe des Freundeskreises. Bei den 14- bis 24-Jährigen hat die Zahl derer deutlich abgenommen, die einen sehr großen Freundeskreis haben, und es nahm die Zahl derer zu, die ihren Freundeskreis als eher klein charakterisieren.

Tabelle 5: Soziale Einbindung am Wohnort

	14–24 Jahre			14–30 Jahre		
	1999	2004	2009	1999	2004	2009
Zusammenhalt im Wohnviertel						
sehr gut, eher gut	–	62	62	–	60	60
befriedigend	–	28	29	–	29	30
eher schlecht, schlecht	–	10	8	–	11	10
Größe des Freundeskreises						
sehr groß	40	37	34	35	33	31
mittel	44	45	45	45	45	46
eher klein	16	18	21	20	22	24
Hilfe durch andere außerhalb des eigenen Haushalts ohne Problem möglich						
ja	90	92	90	91	92	90
nein	10	8	10	9	8	10
Selbst Hilfe leisten für Menschen außerhalb des eigenen Haushalts						
ja	75	73	66	76	73	66
nein	25	27	34	24	27	34

Junge Menschen 14–30 Jahre (Angaben in %)

Fehlende zu 100 %: keine Angabe

Auch diese Tendenz ist in der Bevölkerung generell festzustellen. Bei Jugendlichen ist allerdings ein großer Freundeskreis immer ein Thema mit einem ganz besonderen Stellenwert. Die Größe des Freundeskreises kann zum Teil auf die Dauer der Ansässigkeit am Wohnort zurückgeführt werden; hier gibt es einen sehr deutlichen statistischen Zusammenhang. Je länger man am selben Ort lebt, desto eher hat man einen großen Freundeskreis und je kürzer, desto kleiner ist er. In der Gesamtschau der Faktoren, die das Zustandekommen von freiwilligem Engagement erklären, hat die Größe des Freundeskreises besonders starke Bedeutung.[69]

Interessanterweise meinen die Jugendlichen trotz der Tendenz zu einem kleineren Freundesumfeld nach wie vor zu einem sehr hohen Prozentsatz, dass sie ohne Probleme Hilfe von anderen Personen im

---

69 Vgl. auch Kapitel 4.

privaten Bereich bekommen würden, wenn sie diese Hilfe benötigen. Das ist umso überraschender, als die Jugendlichen allgemein in deutlich geringerem Maße selbst solche Hilfeleistungen für andere erbringen. Bei den 14- bis 24-Jährigen ging dieser Anteil in zehn Jahren um 9 Prozentpunkte zurück und um 10 Prozentpunkte bei den 14- bis 30-Jährigen. Hier findet offensichtlich eine Entwicklung statt, die in ihrer Tragweite noch schwer abzuschätzen ist. Man muss nicht gleich von der Entwurzelung vieler Jugendlicher reden, aber klar ist, dass durch die Tendenz zu größerer Mobilität die soziale Einbindung oder die Bindekraft des sozialen Umfelds geschwächt wird. Gensicke sieht zudem die vermehrte öffentliche Aktivität, die im dritten Freiwilligensurvey festzustellen ist, als Teil einer allgemeinen Verschiebung des Lebensstils vom Privaten zum Öffentlichen.[70]

An dieser Stelle sollte man auch nochmals an die stark zunehmende Bedeutung sozialer Kontakte im Internet erinnern. Wie bereits erwähnt, zeigt z. B. die Shell Jugendstudie 2010, dass Jugendliche viel mehr Zeit im Internet verbringen und die häufigste Nutzung das »social networking« ist.[71] Dadurch ist ein nennenswerter Teil der Kontaktpflege nicht mehr an die räumliche Nähe gebunden, der Wohnort tritt in seiner Bedeutung als sozialer Mittelpunkt zurück. Freiwilliges Engagement wird oft angestoßen durch die sozialen Beziehungen vor Ort, gleichzeitig erzeugt und verstärkt Engagement diese lokalen Beziehungen. Die Freundeskreise in den sozialen Netzwerken werden vom Freiwilligensurvey und anderen Studien bisher nicht miterfasst. Inwieweit soziale Kontakte im Netz mit den Beziehungen vor Ort konkurrieren, ist einstweilen nicht geklärt und wird zu untersuchen sein – wie überhaupt das komplexe Zusammenspiel von Internet und Engagement.[72]

---

70 Vgl. Gensicke und Geiss 2010: Teil B.
71 Vgl. Leven, Quenzel und Hurrelmann 2010.
72 Vgl. Gliederungspunkt 2.3.

4 Erklärungsfaktoren für Engagement im Zusammenhang gesehen

In der bisherigen Analyse ließen sich bereits verschiedene Faktoren ausmachen, die mit freiwilligem Engagement Jugendlicher offensichtlich in Zusammenhang stehen; man denke an Bildungsstatus, Migrationshintergrund oder Dauer der Ortsansässigkeit. Allerdings wurden stets nur die bivariaten Zusammenhänge zwischen einzelnen Merkmalen und freiwilligem Engagement dargestellt. Zu berücksichtigen ist aber, dass die verschiedenen Variablen sich gegenseitig beeinflussen und in der Realität zusammenwirken.

Tabelle 6 zeigt das Ergebnis einer Regressionsanalyse. Mit diesem multivariaten Rechenverfahren werden aus einem Satz von unabhängigen Variablen diejenigen bestimmt, die eine abhängige Variable, in unserem Fall freiwilliges Engagement, am besten erklären. Diese Modellrechnung wurde sowohl für Jugendliche von 14 bis 24 Jahren als auch für die Bevölkerung insgesamt, also alle Altersgruppen zusammengenommen durchgeführt. Der Koeffizient Beta gibt die Erklärungskraft der einzelnen Merkmale an.[73]

73 Durch die errechneten Korrelationskoeffizienten kann prognostiziert werden, welchen Erklärungswert das jeweilige unabhängige Merkmal im Gesamtmodell liefert. Bei einem vollständigen Zusammenhang zweier Merkmale nimmt der Korrelationskoeffizient den Wert 1.0 an, bei Unabhängigkeit den Wert 0.0 und bei einem völlig gegenläufigen Zusammenhang den Wert –1.0. Aus Gründen der zeitlichen Vergleichbarkeit der Ergebnisse wurde eine lineare Regression zur Datenanalyse verwendet. Zusätzlich wurden einzelne Variablen in ihre Merkmalsausprägungen zerlegt und in die Regression aufgenommen (z. B. erreichter oder angestrebter Schulabschluss bzw. die dreistufige Bildungsvariable), sofern kein linearer Zusammenhang vorausgesetzt werden konnte. Auf diese Weise wurde der Einfluss z. B. bestimmter Bildungsstufen auf das freiwillige Engagement bestimmt. Wie in

Das Ergebnis der Analyse ist durchaus dazu geeignet, die eine oder andere bisherige Aussage ein wenig zu relativieren bzw. ins rechte Licht zu rücken. So sieht man, dass weniger die regionale Mobilität Jugendlicher als solche freiwilliges Engagement beeinflusst, sondern dass die Größe des Freundeskreises eine höhere Erklärungskraft hat. Die zunehmende Mobilität junger Menschen bewirkt also vor allem mittelbar das Auftreten von Engagement, denn sie beeinflusst die Größe des regionalen persönlichen Netzwerks. Andererseits wird z. B. der starke Zusammenhang zwischen dem formalen Bildungsgrad und freiwilligem Engagement Jugendlicher in vollem Umfang bestätigt und deutlich untermauert.

Sieht man sich zunächst verschiedene einfache sozialstatistische Merkmale an, so zeigt sich, dass bei Jugendlichen Alter und Geschlecht eine gewisse Rolle dabei spielen, ob sie sich engagieren. Wichtiger allerdings ist die Variable Alter für die Bevölkerung insgesamt. Das negative Vorzeichen (–.10) besagt: Je jünger ein Befragter, desto eher ist er freiwillig engagiert. Die Wahrscheinlichkeit für freiwilliges Engagement ist bei männlichen Jugendlichen deutlich höher als bei weiblichen Jugendlichen (.04). Ob eine Person einen Migrationshintergrund hat oder nicht, spielt eine ähnlich wichtige Rolle für das Zustandekommen von Engagement. Dagegen hat die Frage, ob man als Jugendlicher in einem westlichen oder östlichen Bundesland zu Hause ist, praktisch keine Bedeutung mehr. Das war 2004 noch anders und in der Gesamtbevölkerung ist dieser Faktor auch 2009 noch wirksam, d.h. der Wohnort in einem östlichen Bundesland ist hier ein Prädiktor für geringeres Engagement.[74] Auch der Faktor »Haushaltsgröße« zeigt sich als nicht signifikant sowohl

---

Tabelle 6 zu erkennen ist, sind Realschüler zwar etwas häufiger engagiert als Hauptschüler; mit einem hohen Schulabschluss ist die Wahrscheinlichkeit, sich freiwillig zu engagieren, aber nochmals erheblich größer.
In das Modell gehen nur Merkmale ein, die für alle Jugendlichen bzw. für die Bevölkerung insgesamt erhoben wurden. Durch Filterführungen liegen für eine Reihe von Fragen keine Ergebnisse für »Gesamt« vor und die entsprechenden Variablen können daher nicht berücksichtigt werden.

74 Vgl. zu den Ergebnissen von 2004 das Erklärungsmodell anhand der Daten des zweiten FWS in Picot 2006.

Tabelle 6: Erklärungsmodell für freiwilliges Engagement, 2009

	Jugendliche 14–24 Jahre	Bevölkerung insgesamt
Alter	−.06	−.10
Geschlecht: Mann	.04	n.s.
Kein Migrationshintergrund	.05	.05
Region: West	n.s.	n.s.
Haushaltsgröße	n.s.	n.s.
Mittlere Bildung	.11	.07
Höhere Bildung	.25	.13
Erwerbstätig	n.s.	n.s.
Auszubildende	n.s.	−
Studierende	n.s.	−
Befriedigende wirtschaftliche Lage	n.s.	.05
(Sehr) gute wirtschaftliche Lage	n.s.	.03
Ländliches Umland	n.s.	n.s
Verdichtetes Umland	n.s.	n.s
Kernstädte	−.04	−.03
Am Wohnort 3–10 Jahre	n.s.	n.s
Am Wohnort > 10 Jahre	.05	n.s
Am Wohnort seit Geburt	.05	n.s.
Größe Freundeskreis	.11	.13
Hilfe für andere	.09	.10
Kirchenbindung	.09	.11
Mittleres politisches Interesse	.06	.06
Starkes politisches Interesse	.11	.09
Hedonismus/Materialismus	−.03	−.03
Idealismus	.05	.08
Konvention	−.04	−.04
Mitgliedschaft in gemeinnützigem Verein/Organisation	.33	.35
R^2	.27	.30

Betakoeffizient
n.s. = nicht signifikant = < .03

für Jugendliche wie für die Bevölkerung insgesamt. Das sähe möglicherweise anders aus, wenn man nur die mittleren Jahrgänge betrachten würde, denn hier gibt es einen sehr deutlichen bivariaten Zusammenhang mit der Haushaltsgröße. In dieser Altersgruppe sind es die Eltern, die sich häufig engagieren, wenn Kinder im Haushalt sind.[75]

Eine zentrale Erklärungsvariable für freiwilliges Engagement ist der Bildungsstatus, das zeigte schon die nach dem zweiten Freiwilligensurvey durchgeführte Regressionsanalyse. Die Bildungsvariable wurde in dem Erklärungsmodell aufgeteilt, da die verschiedenen Stufen von niedrigem zu mittlerem und hohem Bildungsstatus sozusagen unterschiedlich groß erscheinen (bzw. kein linearer Zusammenhang vorausgesetzt werden kann). Tatsächlich ist die Wahrscheinlichkeit für freiwilliges Engagement bei einem hohen Schulabschluss noch einmal erheblich größer als bei einem mittleren Schulabschluss.[76] Mit dem Betawert .25 ist die Erklärungskraft eines hohen Bildungsstatus bei Jugendlichen deutlich stärker als die aller anderen Variablen im Erklärungsmodell – mit Ausnahme der Mitgliedschaft in gemeinnützigen Vereinen und Organisationen.

Dagegen leisten z. B. die Fragen, ob man erwerbstätig ist, ob man Auszubildender oder Studierender ist, keinen signifikanten Erklärungsbeitrag. Auch die wirtschaftliche Lage hat keinen erkennbaren differenzierenden Einfluss, zumindest nicht bei den Jugendlichen, gleichgültig ob die subjektive Einschätzung gut oder schlecht ausfällt. In der Bevölkerung insgesamt lässt sich dagegen ein schwacher Einfluss der wirtschaftlichen Situation feststellen.

Stärker ist die Wirkung von Variablen, die mit der regionalen sozialen Einbindung von Menschen zusammenhängen. Zunächst mag überraschen, dass ein ländliches Umfeld für das Zustandekommen von jugendlichem Engagement keine nennenswerte Rolle spielt, wohl aber, in negativem Sinn, das Wohnen in Großstädten. Für die Bevölkerung insgesamt ist ebenfalls ein leicht negativer Zusammenhang erkennbar, wenn die Befragten im großstädtischen Kerngebiet wohnen. In den Kernstädten ist das Engagement allgemein niedriger, es gibt hier besonders viele »Nur-Aktive«.

---

75 Vgl. Picot 2011: Lebensphasen und Engagement im Spiegel der Geschlechterdifferenz.
76 Es geht hier um den angestrebten oder bereits erreichten Abschluss. Zur Aufteilung in die drei Bildungsstufen vgl. die Erläuterungen in Fußnote 39.

Bei Jugendlichen ist für das Zustandekommen von Engagement die Dauer der Ortsansässigkeit relativ wichtig. Genauer gesagt ist von Bedeutung, ob man am derzeitigen Wohnort länger, also mehr als 10 Jahre oder seit Geburt ansässig ist. Noch deutlich stärker wirkt sich die Größe des Freundeskreises aus (.11), die allerdings von der Dauer der Ansässigkeit abhängig ist. Die regionale Mobilität Jugendlicher hat, wie schon erwähnt, in den Jahren zwischen 1999 und 2009 deutlich zugenommen und gleichzeitig nahm die Größe der Freundeskreise ab. In der Bevölkerung insgesamt ist die Größe des Freundes- und Bekanntenkreises die wichtigste Variable überhaupt (.13). Soziale Eingebundenheit ebenso wie eine aktive Zuwendung zu anderen Menschen kommen in der Variablen »Hilfe für andere Menschen« zum Ausdruck. Ermittelt wird, ob man Menschen außerhalb des eigenen Haushalts regelmäßig oder gelegentlich hilft. Dies hat einen relativ hohen Erklärungswert dafür, ob Menschen sich in anderen Kontexten freiwillig engagieren.

Einen ebenso starken Einfluss hat die Kirchenbindung. Sie impliziert sowohl eine Werthaltung wie die regionale soziale Zugehörigkeit zu einer Gemeinde. Kirchen und religiöse Einrichtungen verschaffen vielen Menschen auch institutionellen Zugang zu freiwilligem Engagement, sind ein wichtiger Teil der Zivilgesellschaft. Für jugendliches Engagement ist diese Variable wichtig (.09), für die Bevölkerung generell spielt sie eine noch größere Rolle (.11), eine besonders starke im Übrigen für das Engagement alter Menschen.

Nun zu der Frage, welchen Erklärungsbeitrag Einstellungen, Interessen und Werte für das Zustandekommen von Engagement leisten: Bei Jugendlichen ist ein starkes politisches Interesse von großer Bedeutung (.11). Im Freiwilligensurvey wurde genauer gesagt danach gefragt, ob man sich dafür interessiert, »was in der Politik und im öffentlichen Leben vor sich geht«. Das ist ein etwas weiter gefasster Ansatz, als nur nach der Politik zu fragen, was Jugendlichen prinzipiell entgegenkommt. Ein nur mittleres Interesse erhöht ebenfalls die Wahrscheinlichkeit für freiwilliges Engagement, aber in erheblich geringerem Maß.

Der Erklärungsbeitrag der verschiedenen Wertedimensionen fällt weniger ins Gewicht. Am stärksten wirkt sich eine idealistische Werthaltung aus. Sie beeinflusst das Zustandekommen von Engagement bei Jugendlichen, aber noch mehr das Engagement in der Bevölkerung insgesamt. Darunter sind die Wertschätzung von Kreativität und Fantasie, von Toleranz gegenüber anderen Meinungen zusammengefasst sowie von sozialem Engagement (»Hilfe für Benachteiligte«), politischem Engagement und Umweltbewusstsein. Einen wenn auch geringen, negativen Bezug zu freiwilligem Engagement bei Jugendlichen haben hedonistisch-materialistische Werte und konventionelle bzw. Ordnungs- und Pflichtwerte. Zur Dimension der hedonistisch-materialistischen Werte zählt die Bedeutung eines hohen Lebensstandards und des Lebensgenusses, von Macht und Einfluss und der Durchsetzung eigener Bedürfnisse. Der Kanon konventioneller Werte umfasst Fleiß und Ehrgeiz, das Streben nach Sicherheit sowie Respekt vor Gesetz und Ordnung.

Mit Abstand die stärkste Auswirkung auf das Zustandekommen von freiwilligem Engagement hat die Mitgliedschaft in gemeinnützigen Verbänden und Organisationen und das gilt für Jugendliche in ähnlichem Maß (.33) wie für die Befragten aller Altersgruppen (.35). Bei dieser Variablen geht es um die Nähe zu zivilgesellschaftlichen Strukturen. Die Befragten, die eine Mitgliedschaft eingegangen sind, haben bereits einen Schritt in Richtung Partizipation getan, in einen Engagement fordernden und fördernden Kontext.

Aufgrund des sehr starken Zusammenhangs dieser Variablen mit dem zu erklärenden Phänomen und aus Gründen der Vergleichbarkeit mit der Analyse der Daten von 2004 haben wir das Erklärungsmodell ein weiteres Mal ohne die Variable »Mitgliedschaft« gerechnet. In diesem Fall sinkt der Erklärungswert des gesamten Modells erheblich (auf ein R^2 von .17 bei Jugendlichen). Dann hat der hohe Bildungsstatus die weitaus stärkste Aussagekraft. Andere Variablen weisen ebenfalls einen höheren Betawert auf und liegen nun zum Teil über der Signifikanzgrenze. Zum Beispiel hat das Geschlecht der Befragten einen höheren Erklärungswert und, was die Bevölkerung insgesamt betrifft, auch die Frage, ob man in den alten oder neuen Bundesländern wohnt. Die Kirchenbindung erhält einen sehr viel stärkeren Stellenwert – sowohl für Jugendliche wie für die Bevölkerung. Die Tendenz der Ergebnisse bleibt allerdings gleich.

Jugendliches Engagement, das kann man zusammenfassend sagen, erklärt sich sehr weitgehend aus der Frage der Mitgliedschaften und aus dem Bildungsstatus. Dabei ist es der hohe Bildungsstatus, der besondere Bedeutung hat, und nicht bereits der mittlere. Offenbar verschaffen Gymnasium und Abitur Zugang zu einer bürgerschaftlichen Engagementkultur, die den Absolventen anderer Schultypen häufig verschlossen bleibt. Im Vergleich mit dem Erklärungsmodell des zweiten Freiwilligensurveys sehen wir, dass diese Tendenz eher noch zunimmt (das zeigten ebenfalls die bivariaten Auswertungen).[77] Die Schichtzugehörigkeit Jugendlicher wird methodisch wesentlich durch die Bildungsvariable definiert. Insofern kann man sagen, dass jugendliches Engagement stark schichtspezifisch determiniert ist, stärker als bei erwachsenen Befragten.

Auch die Bedeutung des politischen Interesses für die Erklärung von freiwilligem Engagement Jugendlicher nahm im Zeitvergleich zu. Das heißt, die Frage geringer oder starker Anteilnahme am politisch-öffentlichen Leben bestimmt noch stärker als früher, ob Personen sich engagieren. Während 2004 die Unterschiede zwischen Jugendlichen aus westlichen und östlichen Bundesländern im Hinblick auf freiwilliges Engagement noch relevant waren, ist das 2009 nicht mehr der Fall. Auch die Engagementquoten haben sich in diesem Zeitraum angeglichen.

Für die Bevölkerung insgesamt spielen im Unterschied zu den Jugendlichen die formalen Bildungsniveaus zwar eine wichtige, aber weniger herausragende Rolle. Auch die wirtschaftliche Lage erklärt wenig; somit scheinen schichtspezifische Determinanten nicht ganz so bedeutsam. Fragen der regionalen sozialen Einbindung und Werte haben eine noch größere Bedeutung als bei Jugendlichen.

---

77 Vgl. Picot 2006.

Der Erklärungswert des gesamten Regressionsmodells liegt für das Engagement Jugendlicher bei $R^2 = .27$ und für die Bevölkerung insgesamt bei .30. Es bleibt also noch Raum für weitere Merkmale; man denke besonders an die regional und individuell so unterschiedlichen Gelegenheiten zum Engagement. In qualitativen Befragungen kann man besonders gut nachvollziehen, wie sehr zufällige regionale Konstellationen Jugendangebote entstehen lassen, die dann Ausgangspunkt und Anstoß für das freiwillige Engagement Jugendlicher sein können.[78] Solche Angebote sind erheblich von der Betreuersituation vor Ort abhängig, deren systematische Entwicklung und Pflege eine Herausforderung für viele Vereine, Verbände und sonstige Organisationen darstellen. Neuere Studien verweisen auf das Passungsverhältnis zwischen Organisation und Individuum, das stimmen muss, damit Engagement entsteht.[79] Die individuellen wie strukturellen Ausgangsbedingungen und Besonderheiten zu erfassen, stellt für die Engagementforschung noch immer eine Herausforderung dar.

---

78 Vgl. Picot 2009; Düx et al. 2008.
79 Vgl. Düx u. Sass, unveröffentliches Manuskript.

5 Motivation und Wertehintergrund des Engagements Jugendlicher

5.1 Veränderte Erwartungen an das Engagement

Seit dem ersten Freiwilligensurvey werden auch die Motive und Erwartungen untersucht, die freiwillig Engagierte mit ihrer Tätigkeit verbinden. Dabei wird im dritten Freiwilligensurvey stärker unterschieden zwischen den Motiven, die Menschen einerseits generell veranlassen, sich zu engagieren, und andererseits den Erwartungen, die sie mit einer konkreten Tätigkeit verbinden.

Bei den jugendlichen Engagierten ließ sich 2004 im Zeitvergleich zu 1999 eine stärkere Orientierung an den eigenen Interessen feststellen, vor allem an einem beruflichen Nutzen des Engagements. Die Engagementmotive, die auf berufliche oder allgemeine Qualifizierung zielen, wurden im dritten Freiwilligensurvey in einen anderen Fragenkontext gestellt; daher ist kein Zeitvergleich möglich. Abbildung 34 zeigt jedoch im Vergleich der Altersgruppen, wie stark diese Motive bei jungen Menschen ausgeprägt sind – und zwar umso stärker, je jünger die Engagierten sind. Dies betrifft sowohl das berufliche Vorankommen als auch das etwas allgemeiner gefasste Motiv, Qualifikationen zu erwerben, die für das Leben wichtig sind. Vor allem das Motiv, durch das freiwillige Engagement einen beruflichen Nutzen zu haben, ist bei weiblichen Jugendlichen stärker vorhanden.

Während also Motive, die sich auf die Qualifikation und das berufliche Vorankommen beziehen, bei Jugendlichen besonders verbreitet sind, ist das Motiv, »die Gesellschaft zumindest im Kleinen mit zu

Abbildung 34: Qualifizierungs- und Berufsmotiv nach Lebensalter, 2009

Engagementmotiv: Ich will mir Qualifikationen erwerben, die im Leben wichtig sind	voll und ganz	teilweise	überhaupt nicht
14–19 Jahre	51	40	9
20–24 Jahre	48	33	19
25–30 Jahre	42	37	21
31–45 Jahre	25	41	34
46–65 Jahre	23	39	38
66 Jahre und älter	14	28	58

Engagementmotiv: Ich will durch mein Engagement auch beruflich vorankommen	voll und ganz	teilweise	überhaupt nicht
14–19 Jahre	35	33	32
20–24 Jahre	27	31	42
25–30 Jahre	13	30	57
31–45 Jahre	8	20	72
46–65 Jahre	5	16	78
66 Jahre und älter	2	8	90

■ voll und ganz   ▨ teilweise   □ überhaupt nicht

Engagierte ab 14 Jahren (Angaben in %)

Quelle: Picot – Sozialwissenschaftliche Projekte und TNS Infratest Sozialforschung

gestalten«, erheblich weniger stark ausgeprägt als im Durchschnitt aller Altersgruppen. 47 Prozent der Jugendlichen im Alter von 14 bis 24 Jahren stimmen hier »voll und ganz« zu, während es bei den Engagierten insgesamt 61 Prozent sind. 2004 hatten noch mehr Jugendliche hier uneingeschränkte Zustimmung geäußert; dafür hat sich 2009 der Anteil derer erhöht, für die dieses Motiv zumindest teilweise gilt. Hinsichtlich anderer Motive unterscheiden sich Jugendliche weniger deutlich von den Engagierten anderer Altersgruppen.[80]

Neben den Motiven für das Engagement im Allgemeinen (bezogen auf alle Tätigkeiten) wird im Freiwilligensurvey auch konkret gefragt, welche Erwartungen die Engagierten mit ihrer einzigen oder zeitaufwändigsten Tätigkeit verbinden. Vergleicht man, wie sich bei den engagierten Jugendlichen diese Erwartungen zwischen 1999 und

---

[80] Vgl. genauer Teil B des Hauptberichts zum Freiwilligensurvey 2009 in Gensicke und Geiss 2010. Vgl. auch die Ergebnisse in Gliederungspunkt 5.5 dieser Jugendauswertung, insbesondere Tabelle 12.

2009 entwickelt haben, so lassen sich anhand der in Tabelle 7 aufgeführten Mittelwerte nur geringe Veränderungen erkennen. Mithilfe einer Faktorenanalyse werden drei Dimensionen von Erwartungen ermittelt: die Geselligkeits-, die Gemeinwohl- und die Interessenorientierung. Diese Reihenfolge entspricht der Rangfolge in der Bedeutung der Motivbündel. An vorderster Stelle, das zeigen im Übrigen auch qualitative Studien, stehen für Jugendliche immer der Spaß an der Tätigkeit und das Zusammensein mit anderen, also die Geselligkeitsorientierung.[81] Aber das Engagement soll eben auch sinnvoll im Interesse einer wie auch immer definierten Allgemeinheit sein und dies drückt sich aus in der Gemeinwohlorientierung. Schließlich zählen auch die eigenen Interessen, z. B. wenn man seine Kenntnisse und Erfahrungen erweitern kann.

Tabelle 7: Erwartungen an die freiwillige Tätigkeit im Zeitverlauf

		1999	2004	2009
Geselligkeitsorientierung				
Spaß an der Tätigkeit haben	(-)	4.6	4.5	4.5
Mit sympathischen Menschen zusammenkommen	(-)	4.3	4.2	4.1
Gemeinwohlorientierung				
Anderen Menschen helfen	(+/-0)	4.0	4.0	4.0
Etwas für das Gemeinwohl tun	(-)	3.9	3.9	3.8
Interessenorientierung				
Kenntnisse und Erfahrungen erweitern	(+/-0)	4.0	4.0	4.0
Eigene Verantwortung haben	(+)	3.6	3.7	3.7
Eigene Interessen vertreten	(++)	3.1	3.2	3.4
Anerkennung finden	(-)	3.5	3.4	3.3

Skala: unwichtig =1 bis äußerst wichtig = 5

Engagierte Jugendliche 14 bis 24 Jahre mit ihrer zeitaufwändigsten Tätigkeit (Mittelwerte)

Quelle: Picot – Sozialwissenschaftliche Projekte und TNS Infratest Sozialforschung

Insgesamt gesehen ging die Geselligkeits- oder Spaßorientierung im Zeitraum zwischen 1999 und 2010 leicht zurück. Erwähnenswert ist

---

[81] Vgl. Düx et al. 2008; Picot 2009.

der Rückgang des Motivs, durch das Engagement mit sympathischen anderen Menschen zusammenzukommen. Die Gemeinwohlorientierung blieb stabil und die Interessenorientierung nahm etwas zu und zwar in erster Linie die Erwartung, eigene Interessen vertreten zu können.

Konzentriert man die Daten in einer Typologie, sieht man deutlicher einen gewissen Wandel in den Erwartungen an das Engagement. Die (mittels einer Clusteranalyse) einem Typus zugerechneten Befragten bevorzugen eines der Motivbündel überdurchschnittlich stark. Während bei den Gemeinwohl- und den Geselligkeitsorientierten die eigenen Kerndimensionen deutlich im Vordergrund stehen, ist das beim Typus der Interessenorientierten etwas anders. Die Bedeutung der eigenen Interessen ist zwar überdurchschnittlich groß, befindet sich aber in etwa im Ausgleich mit der Geselligkeits- und Gemeinwohlorientierung. Abbildung 35 zeigt die Ergebnisse der Typologie im Zeitvergleich, differenziert nach männlichen und weiblichen Jugendlichen.

Man erkennt einen zunehmenden Anteil von Interessenorientierten unter den 14- bis 24-Jährigen, wobei dieser schon 2004 gestiegen war. Die Daten von 2009 zeigen aber auch eine Zunahme der Gemeinwohlorientierung bei Jugendlichen. Das bedeutet andererseits, dass die auf Geselligkeit und Spaß zielenden Erwartungen relativ stark zurückgegangen sind. Erkennbar war dieser Wandel im Übrigen auch daran, dass 2009 viel weniger Jugendliche angaben, sich im Bereich Freizeit und Geselligkeit zu engagieren. Gensicke spricht davon, das Engagement sei »ernster geworden«.[82] Das trifft auf die Engagierten generell, aber auf jugendliche Engagierte in besonderem Maße zu. Man könnte hier eine Entwicklung von der Jugend der »Spaßgesellschaft« (wenn es sie denn jemals gegeben hat) zur »pragmatischen Generation« postulieren. Damit ist in den Shell Jugendstudien, die den Begriff prägen, eine Generation mit hoher Leistungs- und Anpassungsbereitschaft gemeint, die sich auf die

---

82 Gensicke 2010, Teil B in Gensicke und Geiss 2010: 120.

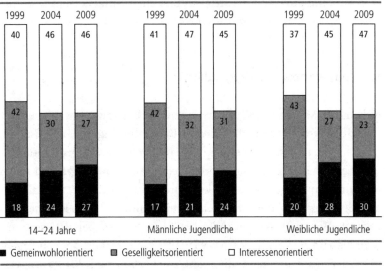

Abbildung 35: Typologie der Erwartungen an das freiwillige Engagement bei Jugendlichen nach Geschlecht

Engagierte Jugendliche 14 bis 24 Jahre (Angaben in %)

Quelle: Picot – Sozialwissenschaftliche Projekte und TNS Infratest Sozialforschung

Bewältigung konkreter Herausforderungen konzentriert. Von Unbeschwertheit ist dabei wenig zu spüren.[83] Im freiwilligen Engagement betonen die Jugendlichen der pragmatischen Generation eher den Nutzen: den für sich selbst und auch den für andere. Dies hat gegenüber der quasi zweckfreien Geselligkeitsorientierung einen immer größeren Stellenwert bekommen.

Unterscheidet man bei der Entwicklung der Engagementmotive nach männlichen und weiblichen Jugendlichen, so wird ganz deutlich, dass es einen stärkeren Wandel bei den jungen Frauen gibt. Insbesondere der Rückgang der Geselligkeitsorientierung ist hier augenfällig, aber auch die kontinuierliche Zunahme der Interessenorientierung. Gleichzeitig hat die 1999 nur wenig ausgeprägtere Ge-

---

83 Vgl. Shell Jugendstudien 2002, 2006 und 2010. Zum Wertewandel Jugendlicher vgl. besonders Gensicke 2002 und 2006.

meinwohlorientierung stärker zugenommen als bei männlichen Jugendlichen. Es deutet also gerade bei den weiblichen Jugendlichen alles auf eine große Ernsthaftigkeit und auch Nutzenorientierung in den Erwartungen und Motiven hin.

5.2 Zum Wertewandel Jugendlicher

Neben den Motiven und Erwartungen der Engagierten ermittelt der Freiwilligensurvey seit 1999 die Werteorientierungen der Befragten. Auch hierzu ist also ein Zeitvergleich möglich. Die Werteorientierungen werden in Form allgemeiner Lebensziele abgefragt und dabei wird die von Klages in den 80er Jahren entwickelte Werteskala zugrunde gelegt, zu der inzwischen reichhaltiges Vergleichsmaterial vorliegt. Was den Wertewandel bei Jugendlichen betrifft, so kann man die zum Freiwilligensurvey leicht zeitversetzt erhobenen Ergebnisse der Shell Jugendstudien von 2002, 2006 und 2010 zum Vergleich heranziehen. Hier wurden die Werte Jugendlicher von 12 bis 25 Jahren ebenfalls mit der Klages-Skala, aber mit einem umfassenderen Frageninstrument erhoben.[84]

Mithilfe einer Faktorenanalyse lassen sich vier Urteilsdimensionen oder Wertebündel unterscheiden, die von den befragten Jugendlichen in engem Zusammenhang gesehen werden. Die Werte sind in Abbildung 36 entsprechend der Faktoren geordnet. Mit einem Blick lässt sich erkennen, dass sich zwischen 1999 und 2009 keine wesentlichen Veränderungen oder gar Verschiebungen in der Rangfolge ergeben haben. Auch die Shell Jugendstudien kommen zumindest für den Zeitraum von 2002 bis 2010 zu einem ähnlichen Fazit. Man kann sich Gensicke anschließen, der darin einen Beleg dafür sieht, dass Jugendliche,

---

84 Die Skala im FWS ist eine 5er-Skala und die Frage umfasst 12 Items; die Skala der Shell Jugendstudie ist eine 7er-Skala mit 24 Items. Zusätzlich sind in der Shell Jugendstudie die Dimensionen »private Harmonie« sowie »Tradition und Konformität« mit den entsprechenden Items enthalten sowie andere Items, die unterschiedlichen Wertebündeln zuzurechnen sind. Entsprechend sind die faktorenanalytisch gebildeten Dimensionen im FWS teilweise etwas anders zusammengesetzt.

Abbildung 36: Werteorientierungen im Zeitvergleich

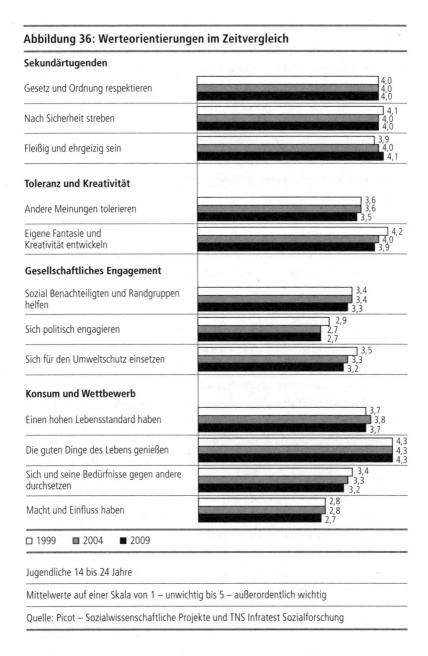

Jugendliche 14 bis 24 Jahre

Mittelwerte auf einer Skala von 1 – unwichtig bis 5 – außerordentlich wichtig

Quelle: Picot – Sozialwissenschaftliche Projekte und TNS Infratest Sozialforschung

anders als vielfach behauptet, ein stabiles Wertesystem haben.[85] Im Einzelnen zeigen sich aber trotz dieser grundsätzlichen Stabilität auch einige interessante Veränderungen.

Bei den Werten, die unter dem Oberbegriff »Sekundärtugenden« zusammengefasst sind, geht es um die Einhaltung bürgerlicher Normen und Konventionen. Hier sind einige für das reibungslose Funktionieren des Wirtschafts- und Gesellschaftssystems wichtige Werte zusammengefasst. Man könnte auch die Tugenden der Disziplin und Pünktlichkeit hinzufügen. Gelegentlich werden diese Werte auch als Ordnungs- und Pflichtwerte bezeichnet. Die leicht ironische Bezeichnung »Sekundärtugenden« beruht auf der Abgrenzung gegenüber den Selbstentfaltungs- und Engagementwerten, hier unter »Toleranz und Kreativität« und »Gesellschaftliches Engagement«. Dies ist ein Set von Werten, das im Zuge des seit Mitte der 60er Jahre eingeleiteten Wertewandels an Bedeutung gewann. Man verbindet mit diesen Wertemustern den Unterschied, manchmal auch die Spannung zwischen individueller Entfaltung der Person und gesellschaftlich normierter Selbstkontrolle.[86] Aus einer bestimmten Blickrichtung der Werteforschung, der Perspektive Ingleharts, spricht man hier auch von postmodernen oder postmaterialistischen Werten.[87]

Im Wertebündel der Sekundärtugenden bzw. der bürgerlich-konventionellen Werte hat die Bedeutung von Fleiß und Ehrgeiz im Vergleichszeitraum zugenommen. Und was das Wertebündel »Toleranz und Kreativität« betrifft, so ist besonders die Wertschätzung für die »Entwicklung der eigenen Fantasie und Kreativität« zurückgegangen. Die Daten der Shell Jugendstudie von 2002 bis 2010 bestätigen dies und zeigen, dass bei den Jugendlichen der pragmatischen Generation Fleiß und Ehrgeiz wieder hoch im Kurs stehen. Außerdem ist auch hier erkennbar, dass Jugendliche es weniger wichtig finden, die eigene Kreativität und Fantasie zu entwickeln. In stärkerem Maß als im Freiwilligensurvey sieht man hier auch eine abnehmende Akzep-

---

85 Vgl. Gensicke 2010 in Shell Jugendstudie und Jugend 2010, in: Außerschulische Bildung.
86 Vgl. Gensicke 2002.
87 Vgl. Inglehart 1998.

tanz des Werts der »Toleranz gegenüber anderen Meinungen, denen man eigentlich nicht zustimmen kann« (so die ausführliche Formulierung).[88]

2002 ergab ein längerfristiger Vergleich zur Entwicklung der Werteorientierungen seit Ende der 80er Jahre, dass die bürgerlich-konventionellen Werte und die Selbstentfaltungs- und Engagementwerte keineswegs mehr als Gegensätze empfunden werden.[89] Dem widerspricht der Befund einer stärkeren Akzentuierung von Fleiß und Ehrgeiz und einer geringeren Bewertung von Toleranz und Kreativität allerdings nicht.

Was die Engagementwerte betrifft, so zeigen die Ergebnisse des Freiwilligensurveys einen Rückgang sowohl hinsichtlich des Ziels, sich politisch zu engagieren, als auch in der Konnotation des sozialen Engagements als Hilfe für sozial Benachteiligte und Randgruppen. Deutlicher änderte sich die Bewertung des Umweltbewusstseins, das weiter an Bedeutung verlor.[90] Die etwas aktuelleren Daten der Shellstudie von 2010 verzeichnen dagegen eine leicht positivere Bewertung des politischen Engagements. Parallel wurde auch eine geringe Zunahme des politischen Interesses bei den Jugendlichen festgestellt. Die Ergebnisse der Shell Jugendstudie 2010 wurden dementsprechend so interpretiert, dass sich hier, wenn auch bisher in geringem Umfang, eine aktuelle Entwicklung zu mehr politischem Engagement andeutet.[91]

Der Rückgang der Engagementwerte im Freiwilligensurvey kann den leichten Rückgang des freiwilligen Engagements Jugendlicher allerdings wohl nicht erklären; dazu ist der Erklärungsbeitrag der Werteorientierungen für das Zustandekommen von Engagement nicht groß genug (siehe Kapitel 4). Im Übrigen werden in der Klages-Skala Formen

---

88 Vgl. Gensicke 2010 in Shell Jugendstudie.
89 Vgl. Gensicke 2002.
90 Das Umweltbewusstsein wurde in den beiden Studien mit etwas unterschiedlichen Items abgefragt: im FWS in der moderateren Formulierung »sich für den Umweltschutz einsetzen«, in der Shell Jugendstudie mit der Formulierung »sich unter allen Umständen umweltbewusst verhalten«. Dennoch war der Rückgang im Freiwilligensurvey deutlich stärker als in der Shell Jugendstudie.
91 Vgl. Gensicke 2010 in Shell Jugendstudie; Schneekloth 2010.

des Engagements angesprochen, die quantitativ nur einen kleinen Teil jugendlichen Engagements ausmachen, nämlich das soziale und das politische Engagement sowie das Umweltengagement. Für diese verzeichnet der aktuelle Freiwilligensurvey aber keinen weiteren Einbruch; die Anteile für Aktivität und Engagement waren weitgehend stabil.

Abschließend zu einer Dimension, in der typische Werte der Konsum- und Wettbewerbsgesellschaft gebündelt sind: Im Freiwilligensurvey sieht man bezüglich der materialistischen und hedonistischen Werte (einen hohen Lebensstandard haben und das Leben genießen) zwischen 1999 und 2009 keinen Wandel. Wenn es um die Durchsetzung eigener Bedürfnisse und das Erlangen von Macht und Einfluss geht, zeigen sich die Jugendlichen sogar etwas zurückhaltender. Das passt zu ihrer Zurückhaltung im Hinblick auf gesellschaftliche Gestaltung: ein gutes Leben, ja, aber Macht und Einfluss, wozu? Die Shell Jugendstudie bestätigt zwischen 2002 und 2010 eine leichte Zunahme der Wünsche nach einem hohen Lebensstandard und nach Lebensgenuss; gleichzeitig bleibt das Streben nach Macht und Einfluss unverändert. Die Ergebnisse deuten also auf eine stärkere Akzentuierung des gesamten Wertebündels hin.[92]

Alles in allem kann man mittelfristig dennoch den Eindruck einer relativ großen Stabilität festhalten. Man muss schon Daten von Ende der 80er Jahre, also die langfristige Entwicklung bemühen, um von einem Wertewandel sprechen zu können. Auch dann bleibt die Rangfolge der Werte weitgehend bestehen. Im Wertegerüst der Jugendlichen steht der Wunsch nach Harmonie im privaten Umfeld seit 1987 deutlich an der Spitze.[93] Zwischen 2002 und 2010 lässt sich nochmals eine Zunahme dieses Wunsches verzeichnen.[94] Die Zuverlässigkeit der privaten Netzwerke von Familie, Partnerschaft und Freundeskreis ist für die Jugend der pragmatischen Generation ange-

---

92 Es ist nicht auszuschließen, dass der Befragungskontext hier eine gewisse Rolle spielt, geht es doch im Fragebogen des FWS fast durchgängig um Aktivität und Engagement für gemeinsame Aufgaben und Ziele.
93 Diese Werte wurden in der kurzen Form der Werteskala nicht erfasst.
94 Vgl. Gensicke 2002, 2006, 2010 in Shell Jugendstudie und Jugend 2010, in: Außerschulische Bildung.

sichts ökonomischer Unsicherheit und Sorge um die eigene Zukunftsperspektive maßgeblich.[95]

Die langfristige Werteentwicklung verläuft im Übrigen teils noch deutlicher in die hier für den mittelfristigen Trend aufgezeigte Richtung: stärkere Akzentuierung von Sekundärtugenden, insbesondere von Fleiß und Ehrgeiz, auch eine stärkere Orientierung auf materielle und hedonistische Werte sowie eine geringere Bedeutung des gesellschaftlichen Engagements. Anders als in der mittelfristigen Betrachtung kann man insgesamt (noch) von einer Zunahme der mit Selbstverwirklichung oder persönlicher Entfaltung verbundenen Wertedimension sprechen.[96]

In der Gesamtbetrachtung muss man daher eine konservativere Grundhaltung der Jugendlichen konstatieren. Es zeigt sich eine relativ große Anpassungsbereitschaft und auch Angepasstheit einer pragmatischen Generation, die versucht, den Anforderungen der Gesellschaft gerecht zu werden und ihren Platz in dieser Gesellschaft zu finden. Werte, die sich dabei als nützlich erweisen können, werden kombiniert – auch solche, die früher als Gegensätze betrachtet wurden.[97] Jugendliche empfinden Fleiß und Ehrgeiz als wichtige Tugenden, wollen aber auch ihre Fantasie und Kreativität entwickeln, sie wollen das Leben genießen und gleichzeitig ist ihnen soziale Empathie nicht fremd. Ähnlich wie bei den Engagementmotiven wird berücksichtigt, welchen Nutzen die Ziele haben, die man sich setzt.

Möglich, dass nach der schon vor einem Jahrzehnt, also 2002 erstmals so bezeichneten pragmatischen Generation eine neue Generation verstärkt wieder andere Ziele akzentuiert. Immerhin ändern sich in der alternden Gesellschaft und im Auf und Ab der wirtschaftlichen Entwicklungen permanent die Ausgangsbedingungen für das Leben

---

95 Vgl. auch Picot und Willert 2006.
96 In diesem Wertebündel spielen in der ausführlichen Version der Skala noch andere Werte eine Rolle, wie »unabhängig sein« und »sich von seinen Gefühlen leiten lassen«. Der Wert »Toleranz« lädt im Kontext der erweiterten Werteskala zumeist auf einen anderen Faktor, als hier für den FWS gezeigt. Vgl. Gensicke 2002 und 2010 in Shell Jugendstudie.
97 Vgl. Picot 2010.

von Jugendlichen in Deutschland. Eine Jugend, die sich als gefragt erlebt, die sich weniger um ihre ökonomische Sicherheit, ihre beruflichen Perspektiven und damit um ihren Platz in der Gesellschaft sorgt, könnte eventuell wieder mehr Interesse an politischen und gesellschaftlichen Themen entwickeln und politisch mutiger werden.

5.3 Wertetypen und freiwilliges Engagement

Nach der Betrachtung der Werteentwicklung der 14- bis 24-Jährigen geht es nun um unterschiedliche Wertemuster innerhalb dieser Altersgruppe, also um eine Differenzierung nach unterschiedlichen Wertetypen. Die Typologie zeigt Cluster von Werten, die bestimmte Jugendliche gemeinsam haben und die sie gleichzeitig von anderen Jugendlichen unterscheiden. Mithilfe einer Clusteranalyse konnten fünf Typen von Jugendlichen nach ihren Werteorientierungen gebildet werden.[98] Abbildung 37 verdeutlicht die quantitativen Anteile der Typen an allen Jugendlichen.

Drei dieser Typen zeigen eine starke Präferenz für die schon vorgestellten Wertebündel: Dies sind die Konventionellen mit ihrer starken Orientierung an den Sekundärtugenden, die Materialisten, die sich besonders mit den Werten der Konsum- und Wettbewerbsgesellschaft identifizieren, außerdem die Idealisten, die sich eher die Selbstentfaltungs- und Engagementwerte auf ihre Fahnen geschrieben haben. Die beiden anderen Typen, die Maximalisten und die Minimalisten, unterscheiden sich grundlegend nach ihrem Antwortverhalten und damit in ihrer generellen Haltung gegenüber Werteorientierungen und Zielvorstellungen. Denn während die Maximalis-

---

98 Die Daten werden mithilfe der einfachen Form der Klages-Skala mit 12 Items und einer 5er-Skala erhoben. Zunächst erfolgt anhand einer Faktorenanalyse die Datenverdichtung, diesmal zu drei Hauptfaktoren (Hedomaterialismus, Idealismus, Konventionalismus). Anschließend werden die fünf Wertetypen mittels einer Clusteranalyse gebildet. Befragte, die z. B. auf den Faktor »Konventionalismus« besonders stark laden und weniger stark auf andere Faktoren, bilden den Wertetyp »Konventioneller«. Die einem Typ zugeordneten Befragten sollen sich untereinander möglichst ähnlich sein, aber von den anderen Typen möglichst stark unterscheiden.

Abbildung 37: Wertetypen, 2009

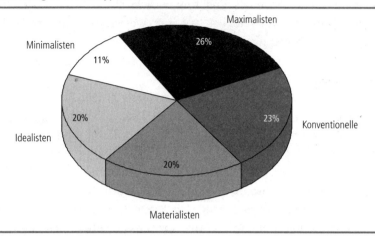

Jugendliche 14 bis 24 Jahre, Angaben in %

Quelle: Picot – Sozialwissenschaftliche Projekte und TNS Infratest Sozialforschung

ten nahezu allen Items überdurchschnittlich hohe Skalenwerte zuordnen, also eifrige Zustimmung signalisieren, gilt für die Minimalisten genau das Gegenteil. Sie reagieren auf alle Wertevorgaben in der Befragung sehr zurückhaltend und ihre Mittelwerte liegen immer unter denen aller Jugendlichen.[99]

Die Tabellen 8 und 9 zeigen im Einzelnen, wie sich die Typen zum einen nach ihren Wertepräferenzen unterscheiden, und zum ande-

---

[99] Maximalisten tendieren generell dazu, die höheren Skalenwerte zu besetzen, Minimalisten greifen dagegen nicht so gern zu Skalenwerten, die hohe Zustimmung signalisieren. Das gilt auch für die Motive und Erwartungen, die an anderer Stelle abgefragt wurden. Das Antwortverhalten ist jeweils dennoch recht differenziert. Man muss davon ausgehen, dass häufige oder seltene hohe Zustimmung eine psychologische Aussage über das Maß an Begeisterungsfähigkeit und Identifikation von Personen beinhaltet; insofern handelt es sich nicht nur um eine Präferenz im Antwortverhalten ohne inhaltliche Bedeutung und zögerliches Antwortverhalten weist durchaus auf allgemeine Skepsis oder Zögerlichkeit hin. Die Typen bilden sich nicht nur durch ihr Antwortverhalten, sondern durch ihre Mentalität als Hoch- oder Schwachmotivierte, die im Antwortverhalten zum Ausdruck kommt. Vgl. hierzu Klages und Gensicke 2005.

ren, welche sozialstatistischen Merkmale jeweils kennzeichnend für sie sind. Die folgende Beschreibung berücksichtigt die charakteristischen Merkmale im Hinblick auf ihre Wertemuster und versucht eine soziale Verortung der Typen.

Maximalisten
Maximalisten reagieren auf alle Wertvorstellungen in der Befragung positiver als der Durchschnitt der Jugendlichen. Sie wählen sehr häufig hohe Skalenwerte und betonen damit die Bedeutung, die Werte und Zielvorstellungen für sie haben. Wenn man sie beim Wort nimmt, dann haben sie sich viel vorgenommen. Die Adjektive »eifrig« oder »strebsam« könnte man hinzufügen, um damit sowohl den Enthusiasmus als auch die Breite ihrer Werteorientierung auszudrücken. Die Richtung ihres Strebens erschließt sich nämlich nicht auf den ersten Blick. Auf den zweiten scheint es so, dass konventionelle bürgerliche Werte ihnen besonders wichtig sind. Dabei betonen sie aber auch soziale Empathie und umweltbewusstes Verhalten. Auf dem Weg nach oben – denn es geht ihnen auch um den sozialen Aufstieg – verfügen sie über die nötige Durchsetzungsbereitschaft.

Wenig überraschend ist, dass dieser Typus vorwiegend weiblich besetzt ist (60 Prozent), denn weibliche Jugendliche äußern im Allgemeinen eine stärkere Werteorientierung. Die Jugendlichen dieses Typs kommen offenbar verstärkt aus der unteren sozialen Mitte. Sie haben besonders oft einen mittleren Bildungsstatus (44 Prozent). Es gibt unter den Maximalisten wenige Studierende, was aber auch am relativ niedrigen Durchschnittsalter liegt. Besonders auffallend aber ist der überproportional hohe Anteil von Jugendlichen mit Migrationshintergrund (27 Prozent). Hier finden wir also die aufstiegswilligen und vermutlich gut integrierten jungen Migrantinnen und Migranten, die sich in ihrer bürgerlichen Werteorientierung nicht grundsätzlich von der Mehrheit unterscheiden – oder nur insofern, als sie eine besonders starke Werteorientierung und wohl auch hohe Zielstrebigkeit aufweisen.

Tabelle 8: Wertepräferenz der Wertetypen, 2009

	Maximalisten	Konventionelle	Materialisten	Idealisten	Minimalisten	Jugendliche insgesamt
Sekundärtugenden						
Gesetz und Ordnung respektieren	4.6	4.6	3.4	3.4	3.4	4.0
Nach Sicherheit streben	4.5	4.3	3.6	3.5	3.2	4.0
Fleißig und ehrgeizig sein	4.6	4.4	4.0	3.6	3.3	4.1
Toleranz und Kreativität						
Andere Meinungen tolerieren	3.8	3.7	2.9	3.5	3.1	3.5
Eigene Fantasie und Kreativität entwickeln	4.3	3.5	3.7	4.2	3.4	3.9
Gesellschaftliches Engagement						
Sozial Benachteiligten und Randgruppen helfen	3.9	3.1	2.7	3.8	2.6	3.3
Sich politisch engagieren	3.1	2.2	2.3	3.4	2.3	2.7
Sich für den Umweltschutz einsetzen	3.9	2.9	2.6	3.7	2.5	3.2
Konsum und Wettbewerb						
Einen hohen Lebensstandard haben	4.3	3.6	4.3	3.0	3.2	3.7
Die guten Dinge des Lebens in vollen Zügen genießen	4.7	4.0	4.6	4.1	3.8	4.3
Sich und seine Bedürfnisse gegen andere durchsetzen	3.8	2.9	3.6	2.9	2.5	3.2
Macht und Einfluss haben	3.2	2.1	3.4	2.2	2.1	2.7

Jugendliche 14 bis 24 Jahre, Mittelwerte

Mittelwerte auf einer Skala von 1 = unwichtig bis 5 = außerordentlich wichtig

Konventionelle

Man könnte sie auch die ordnungsliebenden Konventionellen nennen, denn ihr hervorstechendes Merkmal ist die starke Betonung des Respekts vor Gesetz und Ordnung. Nach Sicherheit streben, fleißig und strebsam sein, auch diese Werte aus dem Kanon der Sekundärtugenden sind ihnen besonders wichtig. Außerdem betonen sie etwas stärker den Wert der Toleranz gegenüber anderen Meinungen.[100] Ansonsten sind ihnen die postmodernen Werte, vor allem die Engagementwerte, eher fremd. In puncto Lebensstandard möchten sie gern mithalten. Ihre Durchsetzungsbereitschaft und ihr Gestaltungswille sind jedoch gering ausgeprägt.

Auch dieser Typus ist häufig weiblich besetzt (56 Prozent) und hat das höchste Durchschnittsalter aller Typen. Entsprechend findet man hier weniger Schüler und mehr Erwerbstätige und Auszubildende. Was die Konfessionszugehörigkeit betrifft, so ist die protestantische Prägung dieses Typus auffallend stark (62 Prozent konfessionsgebunden, davon 55 Prozent protestantisch).

Materialisten

Man könnte sie auch Hedonisten nennen, aber ihre gesamte Ausrichtung findet sich vielleicht besser in der Bezeichnung »Materialisten« wieder. Die Jugendlichen dieses Typs sind in der Konsum- und Wettbewerbsgesellschaft zu Hause, streben einen hohen Lebensstandard an – und zwar deutlich häufiger als der Durchschnitt aller Jugendlichen – und wollen das Leben genießen. Ähnlich den Maximalisten verfügen sie dabei über eine gewisse Durchsetzungsbereitschaft. Auch Macht und Einfluss zu haben, erscheint ihnen durchaus verlockend – und das ist etwas, was die meisten Jugendlichen sonst eher scheuen. Auffallend ist, dass sie es wichtig finden, sich selbst und ihre Bedürfnisse gegen andere durchzusetzen, aber anders als bei den Maximalisten ist dies nicht unbedingt mit Toleranz gegenüber anderen gepaart (2.9 ist hier der niedrigste Mittelwert aller Typen).

Dass sie zur Erreichung ihrer Ziele fleißig und ehrgeizig sein sollten, ist ihnen offenbar klar; die anderen bürgerlichen Werte, wie Gesetz und Ordnung respektieren und nach Sicherheit streben, verfolgen sie nicht vorrangig. Politisches Engagement steht bei den meisten

---

100 Dieser Wert gehört in vielen Faktorenanalysen eher zu den bürgerlich-konventionellen Werten, erweitert also die Sekundärtugenden um einen anderen Aspekt, weshalb dieser Faktor dann auch eher mit »Einhaltung gesellschaftlicher Spielregeln« o.Ä. benannt wird.

jugendlichen Wertetypen nicht sehr hoch im Kurs, bei den Materialisten gilt das zusätzlich für das soziale Engagement und das Umweltengagement.

Dieser Typus ist ganz klar männlich dominiert (70 Prozent) und überdurchschnittlich oft in Westdeutschland zu Hause (83 Prozent). Etwas häufiger haben die Materialisten einen niedrigen oder mittleren Bildungsstatus, was es ihnen vermutlich nicht ganz leicht macht, ihre hohen sozialen und ökonomischen Ziele zu erreichen. Es gibt relativ viele Auszubildende unter den Jugendlichen dieses Typs. Bei einer leicht unterdurchschnittlich häufigen Religionszugehörigkeit ist die katholische Konfession sehr viel häufiger als beim Durchschnitt der Jugendlichen und bei allen anderen Wertetypen (59 Prozent konfessionell gebunden, davon 51 Prozent katholisch). Dabei wird es sich vermutlich um eine eher weltlich-pragmatische oder »barocke« katholische Prägung handeln.

Idealisten

Der Kontrasttyp zum Materialisten ist der Idealist. Bei diesem Typus stehen ganz deutlich postmaterialistische Werte im Vordergrund. Die bürgerlich-konventionellen Werte sind Idealisten weniger wichtig, ebenso die Werte der Konsum- und Wettbewerbsgesellschaft. Was für sie mehr zählt als für alle anderen Typen, ist, die eigene Fantasie und Kreativität zu entwickeln und gesellschaftliches Engagement in seiner politischen und sozialen Variante, ebenso wie das Umweltengagement. Wie alle Jugendlichen wollen auch die Idealisten das Leben genießen; allerdings verstehen sie darunter vermutlich etwas anderes als z. B. die Materialisten oder die Konventionellen.

Auch hier wäre es angebrachter, in der weiblichen Form zu sprechen, denn weibliche Jugendliche sind hier überrepräsentiert. Idealistische Jugendliche haben besonders oft einen hohen Bildungsstatus (60 Prozent) und es sind viele Studierende darunter (25 Prozent). Jugendliche mit Migrationshintergrund sind dagegen selten in diesem Typus vertreten. Er ist weitgehend geprägt durch ein aufgeklärtes Bildungsbürgertum.

Tabelle 9: Wertetypen nach unterschiedlichen sozialen Merkmalen, 2009

	Maxi-malisten	Kon-ventio-nelle	Materia-listen	Idealisten	Mini-malisten	Jugend-liche insgesamt
Geschlecht						
männlich	40	44	70	46	66	51
weiblich	60	56	30	54	31	49
Altersdurchschnitt	18,9	19,7	19,1	19,3	19,0	19,2
Region						
West	79	80	83	76	75	79
Ost	21	20	17	24	25	21
Bildungsstatus						
niedrig	14	10	15	7	10	12
mittel	44	41	42	33	36	40
hoch	42	49	43	60	54	48
Migration						
ja	27	16	16	15	10	18
nein	73	84	84	85	90	82
Erwerbsstatus						
Schüler	42	33	38	41	45	40
Studierende	13	18	15	25	18	17
Erwerbstätig	15	16	15	9	9	13
Azubis	20	22	24	17	20	20
Sonstige	10	11	8	8	8	9
Religionszugehörigkeit						
ja	63	62	59	61	62	61
nein	37	37	41	39	38	39
Wenn Konfession (= 100 %)						
katholisch	42	38	51	43	44	43
evangelisch	45	55	44	50	48	48
andere christliche Konfession	2	2	1	1	5	2
moslemisch	7	2	3	2	2	4
sonstige	3	3	1	2	1	2

Jugendliche 14 bis 24 Jahre, Angaben in % und Durchschnittswerte

Fehlende zu 100 %: keine Angaben

Minimalisten

Hier handelt es sich um den Gegenpol zu den Maximalisten. Minimalisten zeigen durchweg wenig Enthusiasmus, wenn es um Werteorientierungen geht. Man könnte auch sagen, dass ihr Antwortverhalten abwägend oder zögerlich ist. Das Streben nach Sicherheit sowie Fleiß und Ehrgeiz erscheinen ihnen besonders wenig relevant. Die Differenz ihrer Bewertungen zum Durchschnitt der Jugendlichen ist relativ groß, am geringsten noch bei Toleranz und Kreativität. Dafür können sie sich eher erwärmen, wenig dagegen für gesellschaftliches Engagement. Beim sozialen und Umweltengagement liegen sie ebenfalls stark unter dem Durchschnittswert – vielleicht aus Skepsis oder Reaktanz gegenüber hehren Zielen, wie sozialen Randgruppen und Benachteiligten zu helfen. Materieller Wohlstand lockt sie ebenfalls nicht allzu sehr aus der Reserve, aber die guten Dinge des Lebens genießen, das wollen sie schon. Was immer sie damit verbinden, es ist der wichtigste Wert für sie. Das trifft zwar auch auf die Jugendlichen insgesamt zu und besonders auf die Maximalisten und Materialisten, aber der Abstand zum nächsten wichtigen Wert (»Gesetz und Ordnung respektieren«) fällt doch relativ groß aus. Man kann schwer entscheiden, ob sich Jugendliche dieses Typs bemühen, cool zu erscheinen, oder ob sie zurückhaltend oder unsicher sind, wenn es um Bewertungen geht.

Minimalisten sind weit überdurchschnittlich oft männlich (66 Prozent) und relativ jung, häufig noch Schüler. Wer nun meint, dass eine so geringe Zielstrebigkeit und Wertebindung auf eine desolate soziale Lage schließen lassen, der irrt. Zu 54 Prozent haben Jugendliche dieses Typs einen hohen Bildungsstatus, nur die Idealisten haben einen noch höheren Anteil. Jugendliche mit Migrationshintergrund gehören selten zu den Minimalisten. Die Interpretation, es handele sich hier um eine resignierte Grundhaltung, könnte man angesichts der sozialen Lage der Minimalisten nicht aufrechterhalten.

Wichtig ist, dass es hier ja um jugendliche Befragte geht, deren Persönlichkeitsentwicklung noch nicht abgeschlossen ist. Schon die Einordnung in das feste Raster eines Wertetypus erscheint einengend. Zudem sind die abgefragten Werte bzw. Wertekategorien für die gesamte Bevölkerung entwickelt worden und gerade sehr junge Jugendliche finden sich zum Teil hier (noch) nicht unbedingt wieder. Gerade beim Typ des Minimalisten wird einem dies bewusst.

Minimalisten haben im Übrigen, wie Abbildung 37 zeigt, mit 11 Prozent den mit Abstand geringsten Anteil an allen Jugendlichen. Je ein Fünftel beträgt der Anteil der stark kontrastierenden Idealisten und Materialisten. Als Konventionelle erscheinen 23 Prozent aller Jugendlichen und mit 26 Prozent machen die Maximalisten den größten Anteil aus.

Die zentrale Frage ist nun, inwieweit sich die Wertetypen im Hinblick auf freiwilliges Engagement unterscheiden. Die Aufschlüsselung in Abbildung 38 zeigt Erwartbares und möglicherweise Überraschendes.

Die meisten engagierten Jugendlichen finden sich bei den Idealisten das ließ sich anhand der Regressionsanalyse (Kapitel 4) erwarten. Dass eine materialistische Werthaltung eher mit wenig Engagement verbunden ist, überrascht ebenso wenig wie der moderate, im Durchschnitt liegende Anteil Engagierter bei den Konventionellen.

Es sind die Maximalisten, die den niedrigsten Anteil freiwillig Engagierter aufweisen, die Minimalisten dagegen den zweithöchsten – und das dürfte durchaus eine Überraschung sein. Offenbar haben wir es bei den Maximalisten zwar mit hoher Akzeptanz von Werten und starker Zielstrebigkeit zu tun, aber mit faktischem Engagement treten sie weniger in Erscheinung. Genau umgekehrt verhält es sich bei den Minimalisten: Bei sehr zurückhaltenden Äußerungen zum Thema »Werte« sind sie doch in nennenswertem Maße engagiert.

Hilfreicher als ein ausschließlicher Blick auf die Werteorientierung, eventuell gepaart mit psychologischen Erklärungsversuchen, ist es, sich die Sozialstruktur der Typen zu vergegenwärtigen. Die Wertetypen sind nämlich in dem Maß freiwillig engagiert, wie es ihrem Anteil an Jugendlichen mit hohem Bildungsstatus entspricht. Die in Abbildung 38 erkennbare Rangfolge im Hinblick auf das freiwillige Engagement entspricht einer Rangfolge nach dem formalen Bildungsgrad. Der Anteil der Jugendlichen mit hohem Bildungsgrad ist bei den Idealisten am höchsten (60 Prozent), gefolgt von den Minimalisten (54 Prozent), den Konventionellen (49 Prozent) und schließlich den Materialisten (43 Prozent) und den Maximalisten

(42 Prozent). Der Unterschied zwischen den Materialisten und Maximalisten ist bei der Werteorientierung erheblich, aber in puncto Bildungsstatus gering. Beide sind in ähnlichem Umfang engagiert; allerdings ist der Anteil an Aktiven ohne Engagement bei den Maximalisten höher. Vor allem aber ist er deutlich höher, was die Bereitschaft zum Engagement betrifft. Sobald die subjektive Komponente ins Spiel kommt, ist auch die Bedeutung der Werteorientierung verstärkt nachweisbar.

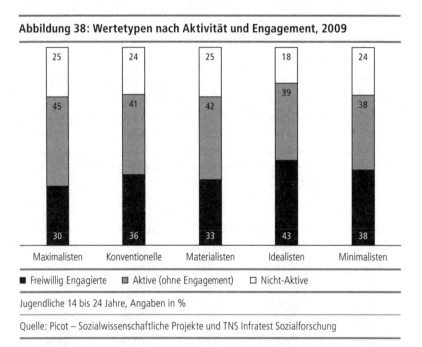

Abbildung 38: Wertetypen nach Aktivität und Engagement, 2009

Jugendliche 14 bis 24 Jahre, Angaben in %

Quelle: Picot – Sozialwissenschaftliche Projekte und TNS Infratest Sozialforschung

So ist der Zusammenhang zwischen der Werteorientierung Jugendlicher und faktischem Engagement deutlich geringer als der zwischen Werteorientierung und Engagementbereitschaft, wie der Vergleich von Abbildung 38 und Abbildung 39 illustriert. Die Anteile variieren stärker nach der Bereitschaft, sich zu engagieren. Die Maximalisten weisen mit insgesamt 58 Prozent (für sichere und eventuelle Bereitschaft) den mit Abstand höchsten Anteil an Engagementbereiten auf. Mit 12 Prozent haben sie den zweitniedrigsten Prozentsatz Jugendlicher, die nicht bereit sind, sich zu engagieren. Nur bei den Idealisten ist dieser Anteil noch niedriger. Zieht man allerdings eine Linie zwischen den Engagierten und sicher Engagementbereiten einerseits und den eventuell und nicht Engagementbereiten andererseits (und schafft damit eine Trennlinie zwischen geringerer und größerer Handlungsnähe), so fällt z. B. der Unterschied zwischen Minimalisten und Maximalisten auf einmal sehr gering aus. So betrachtet sind es nur die Idealisten, die im Hinblick auf Engagement und Engagementbereitschaft eine positive Sonderrolle spielen. Nur die idealistische Werthaltung wäre dann von größerer Bedeutung.

Für die tatsächliche Engagementquote zählen härtere Faktoren wie die soziale Ausgangslage und die Gelegenheitsstrukturen. Letzteres ist wiederum nicht überraschend: Die Regressionsanalyse, bei der ne-

Abbildung 39: Wertetypen nach Engagement und Engagementbereitschaft, 2009

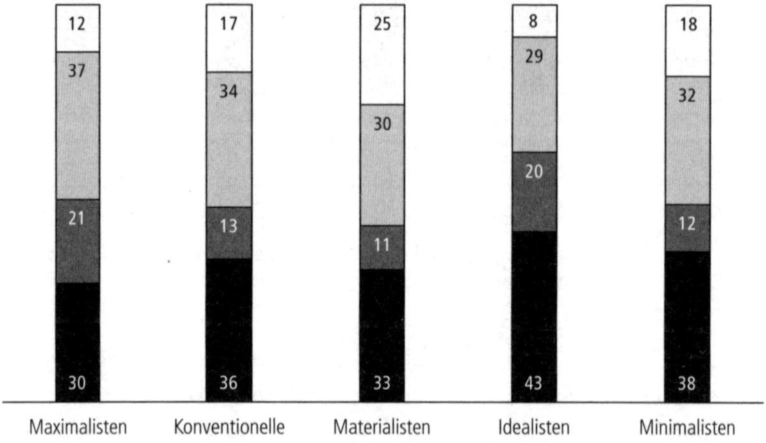

	Maximalisten	Konventionelle	Materialisten	Idealisten	Minimalisten
nicht bereit	12	17	25	8	18
eventuell bereit	37	34	30	29	32
bestimmt bereit	21	13	11	20	12
freiwillig engagiert	30	36	33	43	38

■ freiwillig engagiert ■ bestimmt bereit ◩ eventuell bereit ▢ nicht bereit

Jugendliche 14 bis 24 Jahre, Angaben in %

Quelle: Picot – Sozialwissenschaftliche Projekte und TNS Infratest Sozialforschung

ben soziodemografischen Merkmalen auch Werthaltungen in ihrer Auswirkung auf das Zustandekommen von Engagement bei Jugendlichen untersucht wurden, stellte ja für die Werteorientierungen einen relativ geringen Erklärungsbeitrag fest. Darunter hatte eine idealistische Werthaltung die stärkste Aussagekraft.

5.4 Nicht aktive und nicht zum Engagement bereite Jugendliche und ihre Werte

Freiwilliges Engagement und die Bereitschaft zum freiwilligen Engagement erklären sich unterschiedlich und die Vorstellung, man habe es mit dem gleichen Phänomen nur in anderer Intensität zu tun oder mit Abschnitten auf einem Kontinuum, ist nicht haltbar. Anders gesagt: Je nachdem, ob man in der Analyse die Handlungs- oder die Einstellungskomponente fokussiert, kommt man auf unterschiedliche Erklärungszusammenhänge. Dies wird auch deutlich, wenn man zwei analytische Gruppen betrachtet, die im Allgemeinen nicht im Mittelpunkt der Auswertungen stehen: die Nicht-Aktiven und die nicht zum Engagement Bereiten.

Nach den Daten des aktuellen Freiwilligensurveys haben Jugendliche, die in keinem öffentlichen Kontext aktiv sind (und damit natürlich auch nicht engagiert sind), einen Anteil von 23 Prozent an allen Jugendlichen von 14 bis 24 Jahren.[101] Die nicht zum Engagement bereiten Jugendlichen sind bisher nicht freiwillig engagiert und verneinen die Frage, ob sie dazu bereit wären. Dies trifft auf 16 Prozent der 14- bis 24-Jährigen zu.[102] Beide analytischen Gruppen unterscheiden

---

101 Vgl. Abbildung 1, Seite 19.
102 Vgl. Abbildung 4, Seite 24. In der Befragung wird folgende Frage an alle gerichtet, die entweder nicht aktiv sind oder aktiv, aber nicht engagiert: »Wären Sie heute oder zukünftig interessiert, sich in Vereinen, Initiativen, Projekten oder Selbsthilfegruppen zu engagieren und dort Aufgaben oder Arbeiten zu übernehmen, die man freiwillig oder ehrenamtlich ausübt?« Die Antwortvorgaben lauten »Ja«, »Vielleicht, kommt darauf an« oder »Nein«. Wer hier Nein sagt, gilt als nicht zum Engagement bereit.

sich deutlich voneinander. Das kann man zunächst in Tabelle 10 an ausgewählten soziodemografischen Merkmalen sehen.

Bei den nicht aktiven Jugendlichen handelt es sich überproportional häufig um weibliche Jugendliche; dagegen sind unter den nicht zum Engagement bereiten Jugendlichen weit mehr männliche Jugendliche. Was den Bildungsstatus betrifft, so sind bei nicht aktiven Jugendlichen mittlere und niedrige Bildungsabschlüsse und Bildungsziele viel häufiger als bei den engagierten Jugendlichen, aber auch zahlreicher als bei den nicht engagementbereiten. In puncto Vereins- und Organisationsmitgliedschaft unterscheiden sich die Nicht-Aktiven und die nicht zum Engagement Bereiten ebenfalls ganz erheblich von den freiwillig Engagierten. Die Differenz ist dabei größer zwischen nicht aktiven und freiwillig engagierten Jugendlichen.

Tabelle 10: Nicht-Aktive und nicht zum Engagement Bereite nach ausgewählten sozialstatistischen Merkmalen, 2009

	Nicht-Aktive	Nicht zum Engagement Bereite	Engagierte
Geschlecht			
männlich	41	62	55
weiblich	59	38	45
Bildungsstatus			
niedrig	20	14	6
mittel	47	44	33
hoch	33	42	61
Vereins- und Organisationsmitgliedschaft			
ja	4	15	51
nein	96	85	49

Jugendliche 14 bis 24 Jahre, Angaben in %

Im Hinblick auf die Werteorientierung ergibt sich allerdings ein anderes Bild, wie Tabelle 11 zeigt. Hier sind es die nicht zum Engagement bereiten Jugendlichen, die sich stärker von den Engagierten unterscheiden.

Die in dem Wertekomplex »Sekundärtugenden« zusammengefassten Werte sind den freiwillig engagierten Jugendlichen weniger wichtig; die nicht aktiven und nicht zum Engagement bereiten Jugendlichen unterscheiden sich hier nur unwesentlich. Toleranz und Kreativität stehen für die Nicht-Engagementbereiten weniger im Vordergrund und das gilt logischerweise erst recht für das gesellschaftliche Engagement. Hier verzeichnet man die größten Unterschiede, was die drei Gruppen betrifft und zwar in einer Abstufung, bei der die Mittelwerte der nicht zum Engagement Bereiten klar unter denen der Nicht-Aktiven liegen.

Tabelle 11: Nicht-Aktive und nicht zum Engagement Bereite nach Wertepräferenzen, 2009

	Nicht-Aktive	Nicht zum Engagement Bereite	Engagierte
Sekundärtugenden			
Gesetz und Ordnung respektieren	4.0	3.9	3.9
Nach Sicherheit streben	4.0	4.0	3.8
Fleißig und ehrgeizig sein	4.1	4.0	4.0
Toleranz und Kreativität			
Andere Meinungen tolerieren	3.4	3.3	3.5
Eigene Fantasie und Kreativität entwickeln	3.9	3.7	3.9
Gesellschaftliches Engagement			
Sozial Benachteiligten und Randgruppen helfen	3.2	2.9	3.4
Sich politisch engagieren	2.4	2.2	2.9
Sich für den Umweltschutz einsetzen	3.2	2.9	3.2
Konsum und Wettbewerb			
Einen hohen Lebensstandard haben	3.8	3.9	3.7
Die guten Dinge des Lebens in vollen Zügen genießen	4.4	4.4	4.3
Sich und seine Bedürfnisse gegen andere durchsetzen	3.3	3.4	3.1
Macht und Einfluss haben	2.7	2.8	2.7

Jugendliche 14 bis 24 Jahre, Mittelwerte

Mittelwerte auf einer Skala von 1 = unwichtig bis 5 = außerordentlich wichtig

Was die hedonistisch-materialistischen Werte betrifft, so zeigt sich hier prinzipiell die gleiche, wenn auch weniger stark ausgeprägte Abstufung. Dieser Wertekomplex hat die höchste Bedeutung für die nicht zum Engagement bereiten Jugendlichen und eine erkennbar höhere für die nicht aktiven, dagegen die geringste für die engagierten Jugendlichen. Es schält sich ein Wertemuster bei den nicht engagementbereiten Jugendlichen heraus, das durch stärkere Betonung materialistischer Werte und geringerer Bedeutung von Selbstentfaltungs- und Engagementwerten charakterisiert ist. Die nicht aktiven Jugendlichen sind viel eher durch bestimmte sozialstatistische Merkmale als durch ihre Werteorientierung definiert. Sie brauchen vor allem Gelegenheiten zum Engagement, während die bisherigen Verweigerer auch viel stärker ideell für das Engagement gewonnen werden müssen.

5.5 Wo und warum man sich engagiert – je nach Wertetyp

Für die Frage, ob Jugendliche sich engagieren, sind weiche Faktoren wie die Werteorientierungen weniger wichtig als härtere Faktoren, wie z. B. die Vereins- und Organisationsmitgliedschaft und der höhere Bildungsstatus. Allerdings zeigt sich, dass die Werteorientierung offenbar einen nennenswerten Einfluss darauf hat, in welchem Bereich man sich engagiert: ob im Sport, bei Feuerwehr und Rettungsdiensten oder im kulturellen Bereich. Auch die Motive für das Engagement sind in Zusammenhang mit Werthaltungen zu sehen.

Engagierte Jugendliche zeigen je nach Wertetyp Präferenzen für bestimmte Tätigkeitsfelder bzw. Engagementbereiche. Im Einzelnen kann man folgende Präferenzen und Muster feststellen:
- *Maximalisten:* in keinem Engagementbereich überdurchschnittlich oft vertreten, sondern meist im Durchschnitt aller engagierten Jugendlichen
- *Konventionelle:* überdurchschnittlich häufig im Sport engagiert, im Bereich Freizeit und Geselligkeit und im kirchlichen Bereich
- *Materialisten:* im Sportbereich häufiger, sonst meist unterdurchschnittlich oft vertreten

- *Idealisten:* in vielen Bereichen überdurchschnittlich häufig und zwar in Kultur und Musik, im sozialen Bereich und im Gesundheitsbereich, in Schule, Jugendarbeit, Umwelt-, Natur- und Tierschutz, im politischen und im kirchlichen Bereich
- *Minimalisten:* im Sport, bei den freiwilligen Feuerwehren und Rettungsdiensten und im kirchlichen Bereich überdurchschnittlich häufig vertreten

Jugendliche mit einem eher bürgerlich-konventionellen Werteprofil wie die Konventionellen tendieren also stärker zum Engagement im Sport, bei Freizeit und Geselligkeit und im kirchlichen Bereich. Ähnlich auch die unauffälligen Minimalisten, bei denen zusätzlich zu Sport und Kirche die Feuerwehren und Rettungsdienste eine größere Rolle spielen. Maximalisten und Materialisten zeigen kaum Vorlieben für spezifische Bereiche, Letztere nur für den Sport. Bei den Idealisten dagegen erkennt man stärkere Präferenzen für bestimmte Tätigkeitsfelder, in denen Engagement mit Gesinnung verknüpft ist. Die Engagementbereiche, die Idealisten sich bevorzugt aussuchen, haben auch ein sozialstrukturell ähnliches Profil. So ist ein überproportional hoher Bildungsstatus typisch für die Bereiche Kultur und Musik, Schule, Jugendarbeit, den kirchlichen Bereich und vor allem den politischen Bereich.[103]

Tabelle 12 zeigt, wie die Engagementmotive der Jugendlichen mit ihren Werteorientierungen in Zusammenhang stehen. Die geringsten Unterschiede zwischen den Wertetypen gibt es im Hinblick auf das Motiv, durch das Engagement mit anderen zusammenzukommen, ein für Jugendliche absolut zentrales Motiv. Die Gesellschaft mitzugestalten, ist als Motiv dagegen je nach Wertetyp unterschiedlich stark vorhanden. Hier fällt besonders der Gestaltungswunsch der Idealisten auf, der viel ausgeprägter ist als bei den anderen Wertetypen. Wenn Materialisten und Maximalisten sich engagieren, so steht mit den interessenorientierten Motiven der persönliche Nutzen stärker im Mittelpunkt. Diese Motive, also das Motiv, Ansehen und Einfluss zu ge-

103 Vgl. die Engagementprofile in 2.4.

Tabelle 12: Wertetypen und Engagementmotive, 2009

	Maxi-malis-ten	Kon-ventio-nelle	Materia-listen	Idealis-ten	Mini-malis-ten
Stimme voll und ganz zu:					
Ich will durch mein Engagement …					
… die Gesellschaft mitgestalten	55	43	40	59	32
… mit anderen zusammenkommen	64	63	54	61	59
… Ansehen und Einfluss gewinnen	28	9	20	6	11
… beruflich vorankommen	45	28	40	23	17
… Qualifikationen erwerben	56	43	54	53	38

Engagierte Jugendliche 14 bis 24 Jahre, Angaben in %

Fehlende zu 100 % = pro Item »stimme teilweise zu« und »stimme überhaupt nicht zu«

winnen, vom eigenen Engagement beruflich profitieren zu wollen, und das Motiv, Qualifikationen zu erwerben, variieren ebenfalls relativ stark nach der Werteorientierung. Das Qualifizierungsmotiv ist darunter am weitesten verbreitet und hat für die meisten Typen hohe Relevanz.

Wenn es also um die im Zeitverlauf zunehmende Interessenorientierung jugendlichen Engagements geht (siehe 5.1), sollte man als Zusatzinformation im Kopf behalten, dass die interessengeleiteten Motive und Erwartungen durchaus nicht pauschal gültig sind, sondern sich je nach Werteorientierung unterscheiden.

Ähnliche Zusammenhänge wie hier im Hinblick auf die Motive für freiwilliges Engagement im Allgemeinen zeigen sich auch in der spezifischeren Frage, welche Erwartungen Jugendliche mit einer konkreten Tätigkeit verbinden. Das Verfolgen eigener Interessen spielt wieder für Materialisten und Maximalisten eine stärkere Rolle, wobei Letzteren auch der Einsatz für andere wichtig ist. Idealisten akzentuieren besonders ihre Erwartungen, anderen Menschen durch ihre Tätigkeit zu helfen und dem Gemeinwohl zu dienen. Konventionelle und Minimalisten erwarten eher, dass ihnen ihre Tätigkeit Spaß macht.

Werteorientierungen spielen also eine erhebliche Rolle für das freiwillige Engagement, wenn es um die Motive und Präferenzen für bestimmte Engagementbereiche geht, und ebenso für die Bereitschaft zum Engagement. Ob freiwilliges Engagement überhaupt zustande kommt, hat allerdings andere, oft handfestere Gründe. Die beinahe reflexartige Vermutung, wenn das Engagement Jugendlicher zurückgeht, beruhe dies auf einem Werteverlust Jugendlicher, gehört jedenfalls, wie schon die Ausführungen zum Wertewandel zeigten, eher in den Bereich der Legenden.

6 Strukturen des Engagements Jugendlicher

Im Freiwilligensurvey werden nicht die Vertreter von Verbänden und Organisationen befragt, sondern die Bevölkerung und besonders intensiv und ausführlich die engagierte Bevölkerung. Man schaut also auf Organisationsformen und strukturelle Bedingungen aus der Sicht des engagierten Individuums und nicht aus der Sicht von Organisationen bzw. Verbandsvertretern. Das hat eine Reihe von Vorteilen, z. B. fließen Verbandsinteressen deutlich weniger in das Antwortverhalten ein, hat aber auch gewisse Nachteile, wie ein aufwändiges Erhebungskonzept.

Für jugendliche Befragte ist der Organisationsrahmen des Engagements nur von mäßigem Interesse. Jugendliche wollen, wenn sie sich engagieren, mit anderen zusammen etwas Sinnvolles tun. Es stehen also die gemeinsame Aktivität, der Spaß und das inhaltliche Ziel bzw. der Zweck im Vordergrund. In welcher Organisationsform sie diese Engagementinteressen verwirklichen, ist für Jugendliche relativ belanglos; sie sind auch häufig nicht sehr gut informiert über Organisationsformen und strukturelle Bedingungen ihrer Tätigkeit. Qualitative Studien zum jugendlichen Engagement verweisen auf nur vage vorhandene Kenntnisse von Organisationsstrukturen.[104] In quantitativen Studien werden Jugendlichen folglich Fragen gestellt, die sie weitgehend überfordern, die aber dank fester Antwortvorgaben scheinbar genaue Prozentangaben erbringen.

Im Freiwilligensurvey können die Forscher die vom Interviewer notierten Antworten auf die offenen Fragen nach der Art der Tätig-

---

104 Vgl. Düx et al. 2008; Picot 2009.

keit (was man macht) und zum organisatorischen Kontext (wo man es macht) darauf überprüfen, ob das Tätigkeitsfeld richtig zugeordnet ist. Die Frage, ob Pfadfinder zur außerschulischen Jugendarbeit zählen, zum Freizeitbereich oder doch eher zum kirchlichen Bereich, ist hierfür ein Beispiel und zeigt, wie schwierig die Zuordnung sein kann. Jugendliche nehmen es damit oft nicht so genau oder sind überfragt, wie die Kontrolle der offenen Angaben belegt. Die Zuordnungen sind häufiger korrekturbedürftig als bei älteren Befragten (wobei Korrekturen nur in eindeutigen Fällen vorgenommen werden).[105]

In den einzelnen Tätigkeitsfeldern sind bestimmte Organisationsformen vorherrschend oder typisch, logischerweise dominiert z. B. im Sport die Organisationsform des Vereins. Im Folgenden geht es besonders darum, welche Entwicklungen im jugendlichen Engagement sich durch die größere oder geringere Beliebtheit von Organisationsformen abzeichnen und erklären lassen.

6.1 Organisationsformen: formelle versus informelle Strukturen?

In einigen Bereichen, in denen Jugendliche aktiv sind und sich engagieren, stagnierte zwischen 1999 und 2009 das freiwillige Engagement oder ging zurück; allerdings nahm die Aktivität zu, so z. B. im Sport. Dagegen nahmen sowohl Aktivität wie auch Engagement im kirchlichen Bereich und in der Jugendarbeit zu. Das Engagement im schulischen Rahmen blieb gleich, wie auch in vielen anderen Feldern.[106]

---

[105] Im dritten Freiwilligensurvey wurden einige Umcodierungen vorgenommen und zwar in der Regel zulasten des Bereichs Freizeit und Geselligkeit, der sich für manche Befragte offenbar als Verlegenheitslösung anbietet. Der im Zeitvergleich festgestellte Rückgang in diesem Bereich ist jedoch nur zum geringen Teil auf diese Maßnahme zurückzuführen und zeigt eine reale Entwicklung an. Vgl. Gensicke u. Geiss 2010, Teil C, 1.1

[106] Wie bereits ausgeführt, werden die Bereiche Jugendarbeit und Schule als »Jugendarbeit und Erwachsenenbildung« und »Schule und Kindergarten« abgefragt. Dabei spielt für Jugendliche bis 24 Jahre weder der Bereich Erwachsenenbildung noch der Bereich Kindergarten eine nennenswerte Rolle, wie die offenen Angaben und eine Aufschlüsselung anhand der Frage nach den Zielgruppen

Solche Entwicklungen bei den Bereichen oder Tätigkeitsfeldern könnten zu Rückschlüssen auf parallele Veränderungen hinsichtlich der jeweils dazugehörigen Organisationsformen führen. Allerdings haben sich die Dinge manchmal anders entwickelt, als man vielleicht annehmen könnte. Um es vorwegzunehmen: Es ließ sich kaum ein Rückgang bei den Vereinen erkennen, wie man angesichts des geringeren Engagements im Sport hätte erwarten können, zumindest wenn man den Anstieg der Aktivität außer Acht lässt. Die Kirche als Organisationsform verzeichnet nur eine Zunahme an Engagierten, wenn es um die zweite freiwillige Tätigkeit geht. Mehr Engagement im Bereich der Jugendarbeit schlägt allerdings erwartungsgemäß in einer etwas häufigeren Nennung des Verbands als Organisationsform zu Buche. Was das vermehrte Engagement im schulischen Bereich angeht, so kann man parallel in der dazugehörigen Organisationsform »staatliche und kommunale Einrichtungen« sogar eine Abnahme feststellen, dagegen aber eine Zunahme bei Gruppen, Initiativen und Projekten.[107]

Doch zunächst soll hier anhand von Abbildung 40 (s. S. 134) in einem Überblick gezeigt werden, welche Organisationsformen die Jugendlichen ihrem freiwilligen Engagement zuordnen und welche Veränderungen sich im Zeitvergleich abzeichnen. Dabei geht es zuerst um die zeitintensivste und bei vielen Befragten einzige freiwillige Tätigkeit; später wird in diese Betrachtung auch eine eventuelle zweite Tätigkeit einbezogen.

Zu den meisten Organisationsformen erscheinen die Angaben über die Jahre relativ stabil. Eine deutliche Veränderung gibt es nur im Hinblick auf Gruppen, Initiativen und Projekte sowie staatliche und kommunale Einrichtungen: Während die erste Kategorie deutlich zunimmt, gehen die Nennungen für die zweite Kategorie ebenso klar zurück. Durch eine Aufschlüsselung der Daten nach Tätigkeitsbereichen zeigt sich, dass es hierbei um das Engagement auf

---

des Engagements zeigen. Zusätzlich gibt es für schulisches Engagement eine weitere Frage, die dies für den Bereich Schule bestätigt (vgl. Gliederungspunkte 2.1 und 2.4).
107 Vgl. auch Gliederungspunkt 2.1.

Abbildung 40: Organisatorischer Rahmen des freiwilligen Engagements Jugendlicher

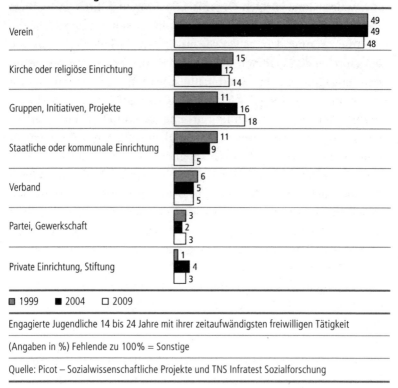

Engagierte Jugendliche 14 bis 24 Jahre mit ihrer zeitaufwändigsten freiwilligen Tätigkeit

(Angaben in %) Fehlende zu 100% = Sonstige

Quelle: Picot – Sozialwissenschaftliche Projekte und TNS Infratest Sozialforschung

schulischem Gebiet geht. Es wird über die drei Erhebungszeitpunkte immer weniger der sperrigen Kategorie »staatliche und kommunale Einrichtungen« zugerechnet. Stattdessen wird dafür immer häufiger der Begriff »Gruppe« benutzt oder die Bezeichnung »Initiative oder Projekt«. Damit wird also der engere Rahmen des Engagements in der Schule und nicht die Institution Schule selbst als organisatorische Einheit benannt. Das muss man bei der Interpretation der Daten selbstverständlich berücksichtigen: Es geht um ein Engagement unter dem Dach der Schule und nicht um ein quasi graswurzelartig sich verbreitendes Engagement im informellen Rahmen, wie man es ursprünglich im Sinn hatte, als man die Kategorie »Initiative und Projekt« oder »selbst organisierte Gruppe«, wie es im vollen Fragetext heißt, in den Fragebogen aufnahm. Dennoch ist der Trend zu diesen Organisationsformen auffällig, zumindest wenn es um die erste oder einzige freiwillige Tätigkeit geht.

Damit sind wir bei einem zentralen Thema, wenn es um die Entwicklung der Organisationsformen geht. Unter Sozialforschern wird, zurückgehend auf die damals vermutete Krise des Ehrenamts, seit Ende der 80er Jahre eine Debatte geführt, bei der die informellen gegen die formellen Strukturen des Ehrenamts bzw. des Engagements kontrastiert werden. Jugendliche, so die Annahme, würden informelle Strukturen des Engagements gegenüber den formellen Strukturen zunehmend bevorzugen.[108] Der prognostizierte starke Rückgang der Beteiligung in traditionellen Organisationsformen wie Vereinen und Verbänden ist jedoch nicht eingetreten. Man nahm auch an, dass die informellen Gruppierungen an Attraktivität gewinnen würden, weil sie eher auf eine projektorientierte Mobilisierung setzen und damit ein kurzfristiges Engagement erfordern, bei dem man sich weniger an eine Organisation bindet. Zu solchen Gruppierungen oder auch Bewegungen werden Initiativen von Globalisierungskritikern über Friedens- und Bürgerinitiativen bis zu Initiativen für die Umwelt und den Tierschutz oder für die Dritte Welt gerechnet. Es geht besonders auch um Gruppierungen, die »soziale, politische und ökologische Probleme häufig mit Mitteln des Protests« aufgreifen.[109]

Diese Debatte um sogenannte neue und alte Engagementformen macht sich sehr stark an Fragen der Organisationsform fest. Allerdings scheint die Diskussion inzwischen wieder etwas abgeflaut zu sein. Es hat sich nämlich gezeigt und wird durch die Ergebnisse des dritten Freiwilligensurveys bestätigt, dass formelle und informelle Organisationsformen sich nicht unbedingt ausschließen oder konkurrieren. So gehen z. B. Aktivität und Engagement ebenso wie die Mitgliederzahlen in traditionellen Organisationsformen keineswegs

---

108 Vgl. Beher, Liebig und Rauschenbach 1999; Gille et al. (DJI Jugendsurvey) 2006; WZB 2009.
109 Gille et al. 2006: 233.

generell zurück. Sie nehmen teilweise sogar zu und das auch bei Jugendlichen.[110] Immer wieder findet man in qualitativen Studien zu jugendlichem Engagement die Formulierung von der »zweiten Familie« oder »zweiten Heimat«.[111] Das kann auch die traditionelle Vereinsheimat sein. Jugendliche suchen einen Platz außerhalb der Familie, wo sie sich mit Gleichgesinnten treffen und zusammen in irgendeiner Form aktiv sein können. Eine organisatorische Anbindung mit einer gewissen Kontinuität und eventuell ein räumlicher Bezugspunkt sind dabei hilfreich. Kurzfristige Projekte und Gruppen können sich ebenfalls in diesem Rahmen ansiedeln.

Was ergibt der dritte Freiwilligensurvey hierzu, wenn man die Ergebnisse noch etwas genauer betrachtet? Tabelle 13 (s. S. 137) führt die im Fragebogen angesprochenen Organisationsformen im Einzelnen auf und zwar differenziert nach der ersten (zeitaufwändigsten) und der zweiten genannten Tätigkeit für jugendliche Engagierte und die Engagierten insgesamt.

Die Aussagen über Rückgang oder Zunahme des Engagements in einer bestimmten Organisationsform, die man anhand der ersten Tätigkeit machen kann, relativieren sich häufig mit Blick auf die zweite Tätigkeit, wo die Entwicklung genau umgekehrt verläuft.

Dabei muss man selbstverständlich berücksichtigen, dass die Zahl derjenigen, die über eine zweite Tätigkeit Auskunft gaben, bedeutend geringer ist. In der aktuellen Befragung von 2009 gaben 35 Prozent aller Jugendlichen an, sich freiwillig zu engagieren. Alle diese Jugendlichen gaben zu einer freiwilligen Tätigkeit Auskunft. Bei 23 Prozent ist dies die einzige Tätigkeit; eine weitere Tätigkeit gaben 12 Prozent aller Jugendlichen an.[112] Davon ließen sich zwei Drittel weiter zu dieser zweiten Tätigkeit befragen – das sind dann

---

110 Schon 1999 äußerte sich Düx skeptisch zum so prognostizierten Strukturwandel im Ehrenamt (vgl. Düx 1999). Vgl. auch die Analyse im Rahmen des zweiten FWS (Picot 2006).
111 Vgl. Düx et al. 2008; Picot 2009.
112 Wenn also von der »ersten bzw. zeitaufwändigsten Tätigkeit« die Rede ist, dann könnte man also hinzufügen, dass dies für 23 Prozent die einzige freiwillige Tätigkeit ist, was aber nicht unbedingt zur Übersichtlichkeit der Tabellen und Abbildungen beiträgt.

Tabelle 13: Organisationsform, in der freiwilliges Engagement stattfindet

	1. Tätigkeit				2. Tätigkeit			
	14–24 Jahre		Engagierte insgesamt		14–24 Jahre		Engagierte insgesamt	
	1999	2009	1999	2009	1999	2009	1999	2009
Verein	49	48	49	46	26	38	33	38
Kirche, religiöse Einrichtung	15	14	14	14	10	15	15	15
Initiativen und Projekte	3	7	4	5	20	5	6	5
Selbst organisierte Gruppen	6	11	6	7	13	8	8	7
Staatliche und kommunale Einrichtungen	11	5	10	9	16	15	13	13
Verband	6	5	7	7	4	7	9	8
Partei	3	3	3	3	1	2	5	3
Private Einrichtung, Stiftung	1	3	2	3	0	4	1	3
Gewerkschaft	0	0	1	1	4	0	3	2
Selbsthilfegruppe	2	0	1	1	0	1	2	1
Sonstiges	4	3	3	4	5	5	4	5

Engagierte ab 14 Jahren für die erste und zweite Tätigkeit (Angabe in %)

9 Prozent aller Jugendlichen. Ähnlich verhält es sich bei den Engagierten aller Altersgruppen. Insofern also fallen die Entwicklungen bei der zweiten Tätigkeit quantitativ nicht so stark ins Gewicht.

Was die erste Tätigkeit betrifft (siehe Tabelle 13), so gibt auch 2009 nahezu die Hälfte aller engagierten Jugendlichen an, in einem Verein aktiv zu sein. Während bei den Engagierten insgesamt die Prozentzahl der in Vereinen Engagierten zurückging, blieb sie bei Jugendlichen über eine Dekade nahezu stabil (minus 1 Prozentpunkt). Die zweite Tätigkeit allerdings fand bei engagierten Jugendlichen erheblich häufiger in Vereinen statt als 1999. Bei den Engagierten insgesamt gibt es dieselbe Tendenz. Die Zahl der Engagierten in Vereinen hat sich auch deshalb nicht vermindert, weil man sich in vielen anderen Bereichen zunehmend in Form eines Vereins organisiert. Man denke an den kulturellen Sektor, den Freizeitbereich, den Umwelt- und Tierschutz und auch die Jugendarbeit.

Im Hinblick auf die unterschiedliche Entwicklung bei der ersten und zweiten Tätigkeit Jugendlicher verhält es sich bei den kirchlichen Einrichtungen ähnlich wie bei den Vereinen. Auch hier sind anders als bei der ersten Tätigkeit die Zahlen für die zweite Tätigkeit höher als 1999. Für die Organisationsform Verband wiederholt sich dieses Muster abgeschwächt ein weiteres Mal. Insgesamt gesehen kann von einem Rückgang traditioneller Organisationsformen also nicht gesprochen werden.

Anders verhält es sich bei den staatlichen und kommunalen Einrichtungen: Hier kommt es zu einem starken Rückgang in Bezug auf die erste und einen statistisch nicht relevanten im Hinblick auf die zweite Tätigkeit. Wie erwähnt ergab die Kreuztabellierung der Frage nach Tätigkeitsfeldern mit derjenigen nach der Organisationsform, dass diese Kategorie früher hauptsächlich dem Engagement in der Schule galt. Das Engagement im schulischen Bereich wird aber nun von den Jugendlichen sehr viel stärker als Engagement in selbst organisierten Gruppen (40 Prozent) und in Initiativen und Projekten (29 Prozent) verstanden und nur in geringem Umfang (13 Prozent) den staatlichen und kommunalen Einrichtungen zugeordnet. 1999 wählten noch 37 Prozent diese Kategorie für ihr Engagement in der Schule und nur jeweils knapp 10 Prozent sahen es als Engagement in einer Gruppe oder einer Initiative bzw. einem Projekt.[113] Das erklärt den großen Anstieg dieser eher informellen Formen des Engagements nahezu vollständig. Einen quantitativ eben noch nennenswerten Anstieg verzeichnet das Engagement in Initiativen, Projekten und Gruppen im Freizeitbereich, im Bereich Umwelt- und Naturschutz, in der Jugendarbeit und beim lokalen bürgerschaftlichen Engagement (in dieser Reihenfolge).

Für die Organisationsformen Gruppen, Initiativen und Projekte gilt außerdem, dass sie bei der ersten Tätigkeit Jugendlicher zunah-

---

[113] Die Angaben gelten für die erste, zeitaufwändigste Tätigkeit. Für diese sehr differenzierte Aufschlüsselung waren die Fallzahlen für die zweite Tätigkeit zu klein.

men, aber stark abnahmen, wenn es um die zweite freiwillige Tätigkeit ging. Bei den Engagierten insgesamt gab es dagegen keine großen Unterschiede im Hinblick auf die erste und zweite Tätigkeit. Noch wichtiger ist wohl, dass man im Zeitraum von zehn Jahren praktisch keine Zunahme der Beliebtheit dieser Organisationsformen bei den Engagierten insgesamt nachweisen kann.

Alles in allem hält sich also der Wandel in Bezug auf die Organisationsformen, in denen freiwilliges Engagement und speziell jugendliches Engagement stattfindet, in sehr überschaubaren Grenzen. Es überwiegen weiterhin die traditionellen Organisationsformen und wenn es um einen Zuwachs »neuer« Formen geht, so finden diese meist unter dem Dach der Institution Schule statt. Es geht dabei also nicht unbedingt um Formen der Selbstorganisation im strengen Sinn. Dass sich hier nur eine andere oder ungenauere Einordnung zeigt, scheint aber nicht zwingend. Man kann hier auch auf das erfolgreiche Bemühen von Pädagogen schließen, Schülern im Rahmen der Schule projektorientiertes Engagement zu ermöglichen. Engagement findet dabei nach den Antworten der Schüler eben nicht in der Schule statt, sondern in einer Gruppe oder in einem Projekt in der Schule, was auf eine einigermaßen eigenständige Wahrnehmung dieser Aktivität deutet.[114]

Im Rahmen der Analyse wurde schon erwähnt, dass die weitaus meisten Jugendlichen nach wie vor Aufgaben übernehmen, die nicht befristet, sondern unbegrenzt sind, und dass sie ihrem Engagement selbst hohe Bedeutung beimessen. Es ergaben sich auch keine Anzeichen dafür, dass jugendliches Engagement spontaner, flüchtiger oder unverbindlicher geworden wäre. Auch dies spricht gegen eine Zunahme der kurzfristigen Engagementformen.[115]

Als Resümee lässt sich festhalten, dass die sehr verbreitete Formel von der größeren und wachsenden Beliebtheit des projektorientierten Engagements zulasten traditioneller Organisationsformen zu kurz

---

114 Vgl. auch Gliederungspunkt 6.4.
115 So auch die bereits im zweiten Freiwilligensurvey festgestellte Tendenz (vgl. Picot 2006). Vgl. auch in dieser Auswertung Gliederungspunkt 1.3.

greift. Es scheint gelegentlich so, als ob die Bedeutung der Organisationsform für Jugendliche überschätzt wird. Rahmenbedingungen wie die Kontinuität von Angeboten, das richtige Verhältnis von Betreuung und Autonomie, die Ermöglichung von Kompetenzerwerb, von identitätsstiftenden Gruppenerlebnissen, räumliche Möglichkeiten und Gestaltungsspielräume sind dabei von großer Bedeutung und nicht primär oder gar ausschließlich abhängig von der Organisationsform.

6.2 Vereins- und Organisationsmitgliedschaften Jugendlicher

Aktivität und Engagement Jugendlicher finden überwiegend in Vereinen statt; dennoch ist es ein etwas anderes Thema, ob man dort auch Mitglied ist. Eine Vereinsmitgliedschaft sagt besonders bei älteren Menschen weniger über ihre Aktivität aus, denn im Laufe des Lebens häufen sich die formalen oder passiven Mitgliedschaften. Im Unterschied dazu gehen Jugendliche Mitgliedschaften nur ein, wenn sie wirklich aktiv mitmachen. Es kommt eher vor, dass Jugendliche aktiv sind, aber nicht unbedingt eine Mitgliedschaft eingehen, denn dies bedeutet einen formalen Schritt und ist in aller Regel mit der Zahlung eines Mitgliederbeitrags verbunden.

Generell ist eine Vereins- oder Organisationsmitgliedschaft als Ausdruck gesellschaftlicher Integration anzusehen; man geht damit einen Schritt aus der Privatheit hinaus in öffentlich zugängliche Strukturen. Mitglied in einem Verein oder einer Organisation zu sein, bedeutet, dass Menschen sozial eingebunden sind in Strukturen, die vielfältige Anreize und Anlässe für freiwilliges Engagement bieten.

Die Entwicklung von Mitgliederzahlen in Vereinen, Verbänden und Organisationen gestaltet sich in den letzten beiden Jahrzehnten sehr unterschiedlich. Während einige Vereine und Verbände stabile oder zunehmende Mitgliederzahlen aufweisen, leiden andere Organisationen unter einem deutlichen Mitgliederschwund. Sportvereine z. B. weisen in den 90er Jahren bis 2007 eine positive Mitgliederbilanz auf. Das gilt auch für Umwelt-, Natur- und Tierschutzverbände. Anders sieht es bei Parteien und Gewerkschaften aus, deren Mitgliederzahlen in diesem Zeitraum stark schrumpften. Bei den Kirchen erlebte man demgegenüber einen etwas geringeren Rückgang.[116]

Gewiss sind Aktivität und freiwilliges Engagement in Organisationen ein anderes Thema, aber doch mit dem Thema »Mitgliedschaften« eng verwandt. Die Daten des Freiwilligensurveys lassen starke Zusammenhänge zwischen Mitgliedschaft und freiwilligem Engagement Jugendlicher erkennen, wie im Folgenden gezeigt wird.

In den Fragebogen des dritten Freiwilligensurveys wurde erstmals die Frage nach der Mitgliedschaft in einem gemeinnützigen Verein oder einer gemeinnützigen Organisation aufgenommen. Die Formulierung mit der expliziten Voranstellung des Adjektivs »gemeinnützig« mag dazu geführt haben, dass sich nicht alle Vereinsmitglieder (z. B. von Sportvereinen) angesprochen fühlten. Wer sich als Vereins- oder Organisationsmitglied zu erkennen gab, wurde anhand einer Liste nach der Art des Vereins bzw. der Organisation befragt.

Ein erheblicher Anteil der freiwillig engagierten Jugendlichen ist Mitglied in einem gemeinnützigen Verein oder einer Organisation (51 Prozent); bei den aktiven Jugendlichen ohne Engagement ist die Zahl deutlich geringer (22 Prozent). Wer in keiner Form öffentlich aktiv mitmacht, ist auch äußerst selten Mitglied in einem Verein oder einer Organisation (4 Prozent). Ändert man den Blickwinkel (bzw. die Prozentbasis) und fragt, wie viele jugendliche Vereins- und Organisationsmitglieder aktiv und engagiert sind und wie dies bei Jugendlichen aussieht, die keine Mitgliedschaft eingegangen sind, so werden die Zusammenhänge noch deutlicher.

Dass Vereins- und Organisationsmitglieder aktiv mitmachen, trifft, wie Abbildung 41 illustriert, auf 97 Prozent zu; ein Drittel ohne freiwilliges Engagement, aber knapp zwei Drittel der jungen Mitglieder haben eine Aufgabe oder Funktion übernommen. Jugendliche ohne Mitgliedschaft sind dagegen mit 24 Prozent unter-

---

[116] Vgl. WZB 2009.

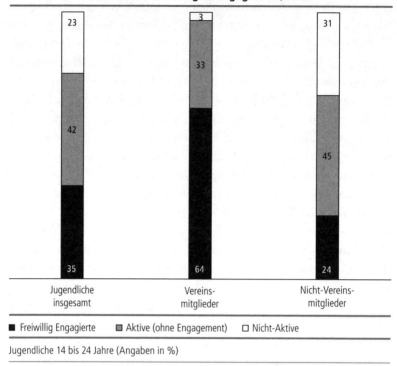

Abbildung 41: Mitgliedschaft in Vereinen und Organisationen nach Aktivität und freiwilligem Engagement, 2009

durchschnittlich häufig freiwillig engagiert. Bei ihnen überwiegt der Anteil der Aktiven ohne freiwilliges Engagement. Das macht deutlich, wie das Engagement Jugendlicher von der sozialen Einbindung und dem »auffordernden« Kontext profitiert.

Während diese bivariate Auswertung nur die Merkmale »Mitgliedschaft« und »Engagement« Jugendlicher in Beziehung setzt, wurde die Mitgliedschaft als unabhängige Variable mit einer Reihe anderer Variablen auch in ein multivariates Erklärungsmodell für Engagement einbezogen. Dabei zeigte sich, dass im Vergleich zu anderen, vorwiegend soziodemografischen Merkmalen die Mitgliedschaft in Vereinen und Organisationen den weitaus stärksten Erklärungsbeitrag für das Zustandekommen von freiwilligem Engagement leistet.[117] Die zivilgesellschaftliche Bedeutung dieser Form sozialer Teilhabe ist also nicht zu unterschätzen.

28 Prozent aller Jugendlichen im Alter von 14 bis 24 Jahren gaben an, Mitglied in einem gemeinnützigen Verein oder einer Organisation zu sein – 10 Prozentpunkte weniger als in der Bevölkerung insgesamt. Die Mitgliederquote steigt ab dem Alter von 30 Jahren, ab Mitte 40 liegt sie bei 42 Prozent und dieser Anteil bleibt in der Altersgruppe über 65 Jahre in etwa stabil. Die Summe der Mehrfachnennungen, also die Zahl der Personen mit mehr als einer Mitgliedschaft, steigt erwartungsgemäß ebenfalls mit dem Alter und erreicht den höchsten Wert zwischen Mitte 40 und Mitte 60. Tabelle 14 weist die Mitgliedschaften für die Bevölkerung insgesamt und die Altersgruppen bis 30 Jahre aus.

In der Altersgruppe der 14- bis 24-Jährigen überwiegen bei Weitem die Mitgliedschaften in Sportvereinen (64 Prozent); außerdem spielen Jugendorganisationen eine große Rolle (28 Prozent). In allen anderen Organisationen und Vereinen sind jugendliche Mitglieder unterdurchschnittlich häufig vertreten. Relativ hoch ist ihr Anteil noch in Musik- und anderen Kulturvereinigungen. Sie sind also dort als Mitglieder präsent, wo man etwas lernt oder ausübt (eine Sportart, ein Instrument) und/oder wo sie speziell als Zielgruppe angesprochen sind.

Man kann für die verschiedenen Altersgruppen junger Menschen bis 30 unterschiedliche Akzente und Entwicklungen erkennen. Die Mitgliedschaft in Sportvereinen geht ab 20 Jahren sehr deutlich zurück; auch sind immer weniger junge Menschen Mitglieder in Jugendorganisationen. Ebenso sinkt der Anteil der Mitgliedschaften in kulturellen Vereinigungen. Dagegen nimmt die Zahl der Mitgliedschaften z.B. in Gewerkschaften und Berufsverbänden, in politischen Parteien, in Umwelt- und Tierschutzorganisationen und auch in Bürgerinitiativen zu. Besonders auffällig ist die deutlich häufigere Mitgliedschaft in sozialen Organisationen wie Hilfsorganisationen und Wohltätigkeitsverbänden, die schon ab 20 Jahren zunimmt,

---

117 Vgl. Kapitel 4.

Tabelle 14: Mitgliedschaft in Vereinen und Organisationen nach Altersgruppen, 2009

	14–24	Alle	14–19	20–24	25–30
Mitglied in Verein/Organisation ja*	28	38	29	27	28
Davon (= 100%)					
Sportverein	64	52	70	57	51
Kultur-, Kunst-, Musikverein	20	24	19	21	16
Bildung, Kinderbetreuung	12	20	10	16	14
Politische Partei	6	9	4	8	9
Gewerkschaft, Berufsverband	3	19	1	6	13
Jugendorganisation	28	9	30	25	21
Hilfsorganisation, Wohltätigkeitsverband	18	34	16	21	35
Umwelt- oder Tierschutzorganisation	7	14	6	9	11
Bürgerinitiative, Bürgerverein	7	10	5	9	8
Anderes	13	22	12	15	16
Summe Mehrfachnennungen	178	215	172	187	194

Bevölkerung ab 14 Jahren (Mehrfachnennungen, Angaben in %)

*) Fehlende zu 100% = nein, keine Mitgliedschaft

dann aber nochmals stark ab Mitte 20. Im Wesentlichen geht es um eine Verlagerung der Interessenschwerpunkte im Zuge des Erwachsenwerdens; der relative Anteil an Mitgliedern bleibt bis 30 Jahre ähnlich und die Zahl der Mehrfachnennungen steigt in überschaubarem Maß.

Wie bereits dargestellt, ist die Engagementquote bei jugendlichen Vereins- und Organisationsmitgliedern außerordentlich hoch (64 Prozent). Das gilt besonders bei politischen Parteien, wo Engagement als Haltung und Motivation verstanden quasi als eine Voraussetzung für Mitgliedschaft erscheint – 94 Prozent sind hier freiwillig engagiert –, ähnlich bei Organisationen im Bereich Bildung (90 Prozent), bei Jugendorganisationen (83 Prozent), Gewerkschaften (80 Prozent) und Hilfsorganisationen (78 Prozent). Im quantitativ größten Bereich, dem Sportverein, entspricht die Engagementquote dem Durchschnitt der Vereins- und Organisationsmitglieder.

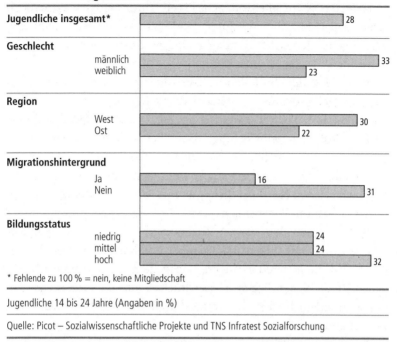

Abbildung 42: Mitgliedschaft in gemeinnützigen Vereinen und Organisationen, 2009

* Fehlende zu 100 % = nein, keine Mitgliedschaft

Jugendliche 14 bis 24 Jahre (Angaben in %)

Quelle: Picot – Sozialwissenschaftliche Projekte und TNS Infratest Sozialforschung

Die Mitgliedschaft Jugendlicher differenziert deutlich nach soziodemografischen Merkmalen, wie Abbildung 42 zeigt.

Männliche Jugendliche sind erheblich häufiger Mitglieder in gemeinnützigen Vereinen und Organisationen als weibliche Jugendliche. Wie kommt diese große Differenz zustande? Sie ergibt sich vor allem aus dem größeren Anteil männlicher Jugendlicher in Sportvereinen. Weibliche Jugendliche sind in verschiedenen anderen Organisationen und Vereinen stärker vertreten (in Kultur, Kunst und Musik, in Bildung und Kinderbetreuung, im Umwelt- und Tierschutz), dies fällt aber quantitativ weniger ins Gewicht.

Dieses Muster kann man bereits in der Kindheit erkennen. Nach der World Vision Kinderstudie haben Mädchen deutlich seltener eine Mitgliedschaft in einem Sportverein, sind aber in andere Gruppierungen häufiger involviert. Ihre Freizeit- und Gruppenaktivitäten sind erheblich vielfältiger, die der Jungen stärker auf den Sport konzentriert.[118] Im Alter von sechs bis elf Jahren sind insgesamt noch genauso viele Mädchen wie Jungen in Vereins- und Gruppenaktivitäten eingebunden, im Jugendalter sind es dann weniger weibliche Jugendliche.

Was die Mitgliedschaften in Sportvereinen betrifft, so setzt sich die geschlechtsspezifisch unterschiedliche Repräsentanz im Erwachsenenalter fort. Seit 1950 verzeichnet der Deutsche Sportbund eine positive Mitgliederentwicklung; dabei hat sich die Differenz der männlichen und weiblichen Mitgliederzahlen jedoch nicht verringert. Frauen sind nach wie vor sehr viel seltener in Sportvereinen als Mitglieder dabei. Noch deutlicher ist ihre Unterrepräsentanz in den Ehrenämtern im Sportbereich.[119]

Bedenkt man den starken Zusammenhang zwischen Mitgliedschaften und freiwilligem Engagement, so könnte hier eine der Ursachen für die generell geringere Engagementbeteiligung von weiblichen Jugendlichen liegen. Dieser Rückschluss ist auch für andere Gruppen möglich, die den Vereins- und Organisationsstrukturen weitgehend fernbleiben.

Bei den Jugendlichen in den östlichen Bundesländern sind Mitgliedschaften in Vereinen und Organisationen ebenfalls weniger häufig. Auch dies ergibt sich im Wesentlichen dadurch, dass so weniger Jugendliche in Sportvereinen Mitglieder sind: In den westlichen Bundesländern sind es 68 Prozent der jugendlichen Vereins- und Organisationsmitglieder und in den östlichen Ländern nur 46 Prozent. Der Umbruch in den neuen Bundesländern brachte es mit sich, dass die Strukturen sowohl im Breiten- wie im Spitzensport neu etabliert werden mussten. Sport war bis dahin keine Vereinssache gewesen. Trotz großer Bemühungen, Vereinsstrukturen zu schaffen und in der Folge auszubauen und mit Leben zu erfüllen, liegt die Dichte der Ver-

---

118 Vgl. Leven, Schneekloth 2010.
119 Vgl. DOSB 2010; Braun 2011.

eine und die Zahl der Mitglieder in den neuen Bundesländern noch weit hinter den westlichen Ländern zurück.[120]

Noch deutlicher als nach Geschlecht und Region unterscheiden sich die Mitgliederzahlen nach dem Migrantenstatus. Mit 16 Prozent geben nur halb so viele Jugendliche mit Migrationsgeschichte an, in einem Verein oder einer Organisation Mitglied zu sein, wie einheimisch deutsche Jugendliche. Tabelle 15 schlüsselt dies nach Art der Mitgliedschaften auf.[121]

Wenn Jugendliche mit Migrationshintergrund eine Mitgliedschaft angeben, dann ist es zumeist die in einem Sportverein (75 Prozent). Ihr Anteil liegt dort über dem von Jugendlichen ohne Migrationsgeschichte. Keinen Unterschied gibt es im Bereich Kultur. Hier liegt ein Schwerpunkt der eigenethnischen Organisationen, die auch in anderen Bereichen eine Rolle spielen, besonders aber auf dem Gebiet der Religion.[122] Groß sind die Unterschiede gegenüber einheimisch deutschen Jugendlichen im Umweltbereich und bei politischen Parteien sowie Gewerkschaften.[123] Erheblich seltener werden jugendliche Migranten auch von den Jugendorganisationen erreicht, zumindest was eine Mitgliedschaft dort betrifft. 15 Prozent der jugendlichen Vereins- und Organisationsmitglieder mit ausländischen Wurzeln sind in einer Jugendorganisation Mitglied, dagegen anteilig knapp doppelt so viele autochthon deutsche Jugendliche.

Auch beim Thema »Mitgliedschaften« ergibt sich der Unterschied vor allem aus dem hohen Bildungsstatus. Dieser ist aber bei Weitem nicht so groß wie beim freiwilligen Engagement. Fast ein Drittel der Jugendlichen mit hohem Bildungsstatus ist irgendwo Mitglied, bei den Jugendlichen mit mittlerem und niedrigem Abschluss sind es

---

120 Vgl. DOSB-Daten, Ost-West-Vergleich.
121 Die Fallzahlen für die Gruppe jugendlicher Vereinsmitglieder mit Migrationshintergrund sind allerdings klein und die Angaben haben einen hohen Fehlertoleranzbereich.
122 Dies stellt z. B. für Migranten türkischer Abstammung die Untersuchung der Stiftung Zentrum für Türkeistudien 2005 fest.
123 Es sind hier die bei weiterer Ausdifferenzierung sehr geringen Fallzahlen zu beachten.

Tabelle 15: Mitgliedschaft in Vereinen und Organisationen nach Migrationshintergrund und Bildungsstatus, 2009

	Mit Migrationshintergrund	Ohne Migrationshintergrund	Bildungsstatus		
			niedrig	mittel	hoch
Mitglied in Verein/Organisation ja*	16	31	24	24	32
Davon (= 100%):					
Sportverein	75	63	53	60	69
Kultur-, Kunst-, Musikverein	20	20	11	26	21
Bildung, Kinderbetreuung	13	12	11	15	14
Politische Partei	1	6	2	9	8
Gewerkschaft, Berufsverband	–	4	1	4	4
Jugendorganisation	15	29	27	29	29
Hilfsorganisation, Wohltätigkeitsverband	19	18	13	20	21
Umwelt- oder Tierschutzorganisation	1	8	7	8	6
Bürgerinitiative, Bürgerverein	7	7	5	8	9
Anderes	11	14	16	11	16
Summe Mehrfachnennungen	163	180	149	155	199

Jugendliche 14–24 Jahre (Mehrfachnennungen, Angaben in %)

*) Fehlende zu 100% = nein, keine Mitgliedschaft

jeweils 24 Prozent. In Tabelle 15 sieht man anhand der Mehrfachnennungen, dass auch die Anzahl der Mitgliedschaften pro Person nach dem Bildungsstatus variiert und zwar in einer Staffelung von knapp anderthalb bis zwei Mitgliedschaften. Jugendliche mit niedrigem Bildungsstatus sind vor allem in Sportvereinen und Jugendorganisationen als Mitglieder dabei, Jugendliche mit mittlerem formalem Bildungsniveau aber auch in einer ganzen Reihe anderer Vereinigungen. Sie unterscheiden sich darin kaum von den Jugendlichen mit hohem Bildungsstatus.

Jugendorganisationen finden ihre Mitglieder in allen Bildungsschichten, auch Jugendliche mit niedrigem Bildungsstatus sind hier zu einem ähnlich hohen Prozentsatz vertreten – was ja nicht selbstverständlich ist, wenn wir an das viel geringere Engagement bei diesen Jugendlichen bzw. die starke Abstufung nach dem Bildungsstatus denken. Zu berücksichtigen ist natürlich, dass sich diese Aussage auf jugendliche Organisationsmitglieder bezieht, also bereits auf eine Auswahl, in der z. B. junge Menschen mit Migrationshintergrund deutlich weniger enthalten sind.

Eine Vereins- oder Organisationsmitgliedschaft bedeutet jene viel zitierte Nähe zu zivilgesellschaftlichen Strukturen, die quasi eine Bedingung für Engagement darstellt. Es ist immer wieder verwunderlich, wie stark die Ursache für das Ausbleiben von Engagement in der fehlenden Motivation Jugendlicher vermutet wird. Dabei sind schon Kinder je nach sozialer Herkunft in ganz unterschiedlichem Maß in ihrer Freizeit in Vereine und Gruppenaktivitäten eingebunden. So wurden in den World Vision Kinderstudien von 2007 und 2010 die Eltern nach Gruppenmitgliedschaften ihrer Kinder gefragt. Die Schichtzugehörigkeit der Eltern war entscheidend dafür, ob Kinder in einem Verein sind und/oder an festen Gruppenaktivitäten teilnehmen. Bei Kindern aus der Oberschicht ist die institutionelle Eingebundenheit »eine soziale Selbstverständlichkeit – quasi eine Art Norm«.[124] Kinder aus der Unterschicht sind dagegen weniger als halb so oft in Gruppen und Vereine involviert. Das gilt übrigens auch für Sportvereine; hier ist das Gefälle beinahe noch größer.[125]

Um also die Voraussetzungen für Engagement und Partizipation Jugendlicher zu schaffen, muss man sie in zivilgesellschaftliche Zusammenhänge einbeziehen und bereits bei den unterschiedlichen sozialen Ausgangsbedingungen der Kinder ansetzen.[126] Das ist mit hoher Wahrscheinlichkeit erfolgreicher, wenn auch nicht unbedingt einfacher, als für Jugendliche milieuspezifische Motivationspro-

---

124 Vgl. Leven u. Schneekloth 2010: 104.
125 Ebenda.
126 Als Beispiel für eine in diese Richtung zielende politische Maßnahme kann man das »Hartz 4 Bildungspaket« nennen, dessen Ziel es u. a. ist, sozial benachteiligten Kindern einen Zugang zu Vereinen und regelmäßigen Freizeit- bzw. Gruppenaktivitäten zu ermöglichen, im Idealfall die Basis für soziale Integration und Teilhabe.

gramme aufzulegen, bei denen man versucht, sich einem mehr oder weniger stilisierten Bild von Jugend anzunähern. Denn wie an verschiedenen Stellen gezeigt, ist die Wirksamkeit sozialstruktureller Parameter nicht zu unterschätzen. Dagegen spielen mangelnde Motivation und Bereitschaft zum Engagement nicht die große Rolle, die man ihnen allgemein zumisst.

6.3 Organisatorische Rahmenbedingungen und Verbesserungswünsche

Jugendliche üben freiwillige Tätigkeiten in unterschiedlichen organisatorischen Kontexten aus und genauso unterschiedlich sind auch die Rahmenbedingungen. Wie diese im Einzelnen beschaffen sind, ob und wie sie sich verbessert haben in den Jahren seit der ersten Erhebung, dazu bietet der Freiwilligensurvey eine Fülle von Daten. Einige ausgewählte seien hier präsentiert. Vorausschicken sollte man eine Information darüber, wo jugendliche Engagierte in den Strukturen und Hierarchien des Engagements angesiedelt sind.

Im Freiwilligensurvey werden die freiwillig Engagierten gefragt, ob sie im Rahmen ihres Engagements eine Leitungs- oder Vorstandsfunktion ausüben. Der Anteil der Jugendlichen in Leitungs- und Vorstandsfunktionen ist verglichen mit den Engagierten aller Altersgruppen niedriger, aber stabil (siehe Abbildung 43). Bei den Engagierten insgesamt ging der Anteil dieser Funktionen kontinuierlich zurück – eine Entwicklung, die besonders die mittleren Jahrgänge betrifft.[127]

Bei der Frage nach den Leitungs- und Vorstandsfunktionen im Engagement geht es im Grunde darum, wer den Betrieb aufrechterhält, wer Verantwortung nach innen und außen übernimmt, wer Verwaltungsarbeiten durchführt, wer plant und strategische Entscheidungen trifft. Dies fällt vor allem dann den Freiwilligen in

---

[127] Vgl. die Analyse in Teil C des Hauptberichts zum dritten Freiwilligensurvey in Gensicke u. Geiss 2010.

Abbildung 43: Leitungs- oder Vorstandsfunktionen im Engagement

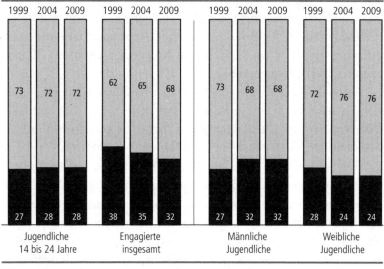

Engagierte ab 14 Jahren mit ihrer zeitaufwändigsten freiwilligen Tätigkeit (Angaben in %)

Quelle: Picot – Sozialwissenschaftliche Projekte und TNS Infratest Sozialforschung

Leitungs- und Vorstandsfunktionen zu, wenn es keine oder nur wenige Hauptamtliche in der Organisation gibt.

Es ist allerdings nicht gesagt, dass Jugendliche diese Frage immer so verstehen. Jugendliche sind sehr häufig als Gruppenleiter für Kinder- und Jugendgruppen oder als Übungsleiter im Sport tätig und übernehmen damit auch eine »leitende Funktion«. Diese ist aber nicht unbedingt eine Leitungsfunktion im Rahmen der Organisation im oben erwähnten Sinn, sondern bezieht sich beispielsweise auf die Anleitung der Teilnehmer einer Kindersportgruppe, d.h. es geht eher um eine der Tätigkeit immanente Leitungsfunktion. Es ist damit zu rechnen, dass einem Teil der Antworten Jugendlicher auch dieses Verständnis von leitender Funktion zugrunde liegt.

Diese Auslegung wird unterstützt durch Ergebnisse auf die Frage nach den Anforderungen an das Engagement. Dort wurde auch nach

Führungsqualitäten gefragt. Engagierte im Sport und in der außerschulischen Jugendarbeit geben überdurchschnittlich oft an, dass in starkem Maße Führungsqualitäten gefordert seien. Auch für den schulischen Bereich gilt das relativ häufig. Vermutlich ist damit meist Führung im Sinne der Leitung von Kindergruppen oder Gruppen von Gleichaltrigen gemeint.

Weibliche Jugendliche geben weniger häufig eine leitende Funktion an als männliche Jugendliche. Die Differenz ist hier seit 2004 unverändert groß. Zum einen sieht man, wie schon erwähnt, bei weiblichen Jugendlichen ab etwa 20 Jahren eine starke Orientierung auf den beruflichen Werdegang, was sich nicht nur auf die Engagementquote auswirkt, sondern auch darauf, mit welcher Intensität und welchem Einsatz man sich im Engagement einbringt. Zum anderen ist der unterschiedliche Anteil an Leitungsfunktionen bei jungen Männern und Frauen auch auf geschlechtsspezifische Präferenzen für bestimmte Engagementbereiche zurückzuführen. Weibliche Jugendliche engagieren sich stärker als junge Männer im kirchlichen, im sozialen und Gesundheitsbereich sowie im Rahmen der Schule und im Umwelt-, Natur- und Tierschutz. In den meisten dieser Bereiche gibt es weniger leitende oder Vorstandsfunktionen. Männliche Jugendliche sind dagegen häufiger bei den Feuerwehren und Rettungsdiensten, einem Bereich mit sehr hoher Leitungsquote, im Freizeitbereich und im Sport, beide mit ausgeprägter Vereinsstruktur, zudem im hierarchisch strukturierten politischen Bereich.[128]

Die Leitungsquote hängt sowohl von der Organisationsform als auch von der Art der Aufgaben ab. Zum Beispiel sind im Umwelt-, Natur- und Tierschutz diese Funktionen viel seltener; hier geht es stärker um Teamwork, die Arbeit mit gleichberechtigten Gruppenmitgliedern. Im Sport liegt die Anzahl der leitenden Funktionen Jugendlicher etwas über dem Durchschnitt, man denke an die Trainer und Übungsleiter. Ähnliches gilt auch für das Engagement in der außerschulischen Jugendarbeit, wo es dann auch um Funktionen als

---

128 Vgl. auch die Engagementprofile in Gliederungspunkt 2.4.

Gruppenleiter geht. Beim Engagement im Rahmen der Schule zeigt sich auch für Jugendliche eine Veränderung: Hier geben im Unterschied zu den Vorerhebungen nun sehr viel weniger Jugendliche an, leitende Funktionen auszuüben; dies passt zu der erwähnten starken Zunahme von Initiativen, Projekten und Gruppen in diesem Bereich.

Öfter als andere Altersgruppen sind Jugendliche in Projekten, Initiativen und Gruppen aktiv oder engagiert. Diese sind eher gleichberechtigt organisiert und es gibt weniger Leitungsfunktionen. Somit ist zum Teil die niedrigere Leitungsquote auf die größere Beteiligung Jugendlicher in Organisationsformen mit flacheren Hierarchien und mehr Teamwork zurückzuführen. Jugendliches Engagement findet aber dennoch überwiegend in Vereinen statt und die Strukturen dort sind durchaus hierarchisch. Wenn Jugendliche also weniger Leitungs- und Vorstandsfunktionen ausüben, so wird das auch bedeuten, dass Jugendliche in Kontexten mit hierarchischen Strukturen weniger in Ämter wie z. B. Vereinsvorstände gewählt werden. Die Frage nach den Wahlämtern wurde im zweiten Freiwilligensurvey gestellt und zeigte tatsächlich, dass diese bei Jugendlichen viel seltener sind. Der Unterschied zu den Engagierten der mittleren und älteren Altersgruppen ist bei Wahlämtern noch größer als bei Leitungsfunktionen.

Sicherlich wären Vertreter von eher hierarchisch aufgebauten Organisationen gut beraten zu prüfen, ob sie Jugendliche genügend ermutigen, sich auch leitende Funktionen zuzutrauen. Für weibliche Jugendliche gilt das wohl in nochmals verstärkter Form. Dazu gehört allerdings auch die Akzeptanz deutlich jüngerer Menschen in Leitungsfunktionen durch ältere Organisationsmitglieder und ältere Engagierte.

Jugendliche geben zu etwa 50 Prozent und damit etwas häufiger als alle Engagierten an, dass es in ihrer Organisation bzw. in ihrem Engagementkontext hauptamtliche Mitarbeiter gibt (siehe Tabelle 16). Diese Zahlen sind seit 2004 stabil, die Zahl der Hauptamtlichen hat über alle Engagementbereiche gesehen in der Wahrnehmung jugendlicher Engagierter weder zu noch abgenommen. Für eine Professionalisierung des Ehrenamts findet man hier also keinen Hinweis.

Tabelle 16: Organisatorische Rahmenbedingungen des Engagements (1)

	14–24 Jahre		Engagierte insgesamt	
	2004	2009	2004	2009
Hauptamtliche Mitarbeiter vorhanden				
ja	49	49	43	43
nein	48	48	55	55
weiß nicht	3	2	2	2
Ansprechpartner für Freiwillige vorhanden				
ja	71	64	64	61
nein	27	32	34	37
weiß nicht	2	4	2	3
Ausreichende Möglichkeiten zur Mitsprache und Mitentscheidung				
ja	70	63	76	68
teils/teils	23	30	19	27
nein	7	7	5	6

Engagierte ab 14 Jahren mit ihrer zeitaufwändigsten Tätigkeit (Angaben in %)

Mit hohem Abstand am häufigsten verfügt der kirchliche Bereich über hauptamtliche Mitarbeiter (72 Prozent der hier engagierten Jugendlichen und damit deutlich mehr als 2004 sagen dies aus). In allen anderen Engagementbereichen pendeln die Angaben mehr oder weniger um den Durchschnittswert. Ob es Hauptamtliche gibt, interessiert besonders im Hinblick auf die Frage, ob Ansprechpartner für Freiwillige da sind, denn Letzteres ist speziell für die Betreuung jugendlicher Engagierter wichtig. Gibt es für Freiwillige eine feste Anlaufstation in der Organisation? Der Zusammenhang mit dem Vorhandensein von Hauptamtlichen ist aber nicht in allen Bereichen so eng, wie man annehmen könnte.

Generell geben die Engagierten 2009 seltener an, dass es Ansprechpartner in den Organisationen gibt, Jugendliche allerdings immer noch häufiger als Engagierte anderer Altersgruppen. Im kirchlichen Bereich, wo die hauptamtlichen Strukturen gut ausgebaut sind, ist auch die Zahl der Ansprechpartner für die Freiwilligen sehr hoch. Höher noch ist sie im Umwelt-, Natur- und Tierschutz mit ebenfalls relativ vielen Hauptamtlichen – sei es in den Verbänden, Naturstationen oder Tierheimen. Am besten jedoch scheint für junge Engagierte die Betreuungssituation bei den Feuerwehren und Rettungsdiensten zu sein. Das ist sicherlich in diesem Bereich auch notwendig, denn hier werden sehr stark Kenntnisse und Fachwissen vermittelt und die jungen Freiwilligen übernehmen verantwortungsvolle Aufgaben oder werden dafür geschult. Hier sind die Ansprechpartner allerdings mehr unter den Freiwilligen zu suchen, denn der Anteil der Hauptamtlichen ist in diesem Bereich gering.

Der in Tabelle 16 sichtbare Rückgang von Ansprechpartnern für Freiwillige ist in vielen Engagementbereichen zu verzeichnen, besonders im Sport, in Kultur, Schule und Politik. Hier scheint es also an vielen Stellen Verbesserungsbedarf zu geben. Besonders zu erwähnen sind der soziale und der Gesundheitsbereich. Hier wurden hauptamtliche Strukturen offenbar abgebaut und die Zahl der Ansprechpartner für die Freiwilligen nahm deutlich ab.

Für jugendliche Engagierte ist es wichtig, Ansprechstationen im Engagement zu haben. Es geht aber auch um Gestaltungsräume und idealerweise um eine kontinuierliche und verständnisvolle Betreuung, die Jugendliche unterstützt, aber auch ihre Autonomie fördert. Bei den Erwartungen an das freiwillige Engagement sind für Jugendliche eigene Verantwortung und Entscheidungsmöglichkeiten besonders wichtig; jedenfalls rangiert dies bei ihnen viel weiter oben auf der Prioritätenliste als bei den Engagierten über 30. Daher ist auch die Frage, ob ausreichende Möglichkeiten zur Mitsprache und Entscheidung in den Organisationen vorhanden sind, für jugendliche Engagierte von besonderer Bedeutung. Dies ist nach ihren Angaben zwar relativ häufig der Fall, aber doch seltener als bei den Engagierten insgesamt und der Wert ist zwischen den letzten beiden Erhebungen deutlich zurückgegangen.

Am zufriedensten sind jugendliche Engagierte in diesem Punkt interessanterweise in der Politik. Die dort immanenten demokratischen Strukturen sichern ihnen Mitspracherechte zu. Ebenfalls zufrieden scheinen die Jugendlichen, die im Bereich Kultur und Musik engagiert sind und – das mag erstaunen – auch auf schulischem Gebiet. Hierzu könnte die starke Verbreitung von Initiativen, Projekten und weitgehend selbst organisierten Gruppen beigetragen haben.

Es sind also vor allem die Bereiche des Umwelt-, Natur- und Tierschutzes und die Kirche angesprochen, hier etwas zu tun. Gerade im kirchlichen Bereich ist die Zufriedenheit mit den Mitsprachemöglichkeiten deutlich zurückgegangen.

Tabelle 17 verdeutlicht zunächst nochmals den Stellenwert jugendlichen Engagements. 2009 geben mehr als ein Drittel der jungen Engagierten an, ihre Tätigkeit würde von anderen hauptamtlich ausgeführt. Das sind deutlich mehr als bei den Engagierten insgesamt. Dies gilt sowohl für die 14- bis 24-Jährigen als auch für die 14- bis 30-Jährigen und bei Letzteren hat diese Einschätzung seit 2004 stark zugenommen. Entsprechend äußern die jungen Leute auch häufig Interesse, ihre derzeitige freiwillige Tätigkeit als Beruf auszuüben. Etwa 40 Prozent derjenigen, die konstatieren, ihre Tätigkeit würde von anderen hauptamtlich ausgeübt, könnten sich das auch für sich selbst vorstellen. Dabei geht aus der Frage nicht hervor, ob es sich um

Tabelle 17: Organisatorische Rahmenbedingungen des Engagements (2)

	14–24 Jahre		14–30 Jahre		Engagierte insgesamt	
	2004	2009	2004	2009	2004	2009
Tätigkeit wird von anderen hauptamtlich gemacht	34	36	31	37	26	28
wenn ja = 100 %						
Interesse, Tätigkeit als Beruf auszuüben?	39	39	34	39	24	27
Kostenerstattung möglich	47	34	49	37	43	35
davon = 100 % Kostenerstattung – regelmäßig – gelegentlich	32 52	14 65	29 51	18 63	29 48	24 57
an Weiterbildungen teilgenommen		46		47		47

Engagierte ab 14 Jahren mit ihrer zeitaufwändigsten Tätigkeit (Angaben in %)

Fehlende zu 100 % = jeweilige Negativantwort

einen zukünftigen Berufswunsch handelt, um eine Nebenbeschäftigung, die man sich für jetzt oder später vorstellen kann, oder ob es gar um einen Plan B geht in Zeiten, wo Jugendliche oft nicht genau wissen, ob sie in ihrem angestrebten Beruf unterkommen. In einer Gesellschaft, in der Erwerbsbiografien häufiger unterbrochen sind und sich der Erwerbs- und der Freiwilligensektor stärker verschränken, zeigen sich hier möglicherweise Ansätze eines neuen Denkens. Die Antworten auf beide Fragen machen in jedem Fall deutlich, dass junge Engagierte einen ernst zu nehmenden zivilgesellschaftlichen Beitrag leisten.

In ähnlichem Umfang wie bei den Engagierten insgesamt besteht die Möglichkeit der Kostenerstattung. Allerdings ist bei allen Engagierten ebenso wie bei der Untergruppe der jugendlichen Engagierten dies 2009 seltener gegeben, was eine Verschlechterung der Bedingungen bedeuten würde. Junge Engagierte greifen auf die Möglichkeit der Kostenerstattungen zudem weniger regelmäßig zurück. An Weiterbildungen nehmen sie ebenso häufig teil wie die Engagierten insgesamt.

Jugendliche leisten einen vollwertigen Beitrag zur Zivilgesellschaft und sind, was die Rahmenbedingungen angeht, gut integriert. Aus den bisher präsentierten Daten konnte man jedoch nicht auf eine durchgängige Verbesserung dieser Rahmenbedingungen schließen. Im Gegenteil, denn es gab auch Anzeichen der Verschlechterung: weniger Ansprechpartner für Freiwillige, in einigen Bereichen sogar weniger Hauptamtliche, weniger Möglichkeiten zur Mitsprache, weniger Möglichkeiten zur Kostenerstattung.

Insofern muss es erstaunen, wenn auf die seit 1999 gestellte Frage, wo die Engagierten der Schuh drückt, wo es also im Hinblick auf Rahmenbedingungen Verbesserungsmöglichkeiten gäbe, deutlich weniger jugendliche Befragte Verbesserungen anmahnen (siehe Abbildung 44). Eine mögliche Erklärung liegt darin, dass seit etwas mehr als einem Jahrzehnt dem Thema »Ehrenamt und bürgerschaftliches oder freiwilliges Engagement« sehr viel mehr öffentliche Aufmerksamkeit geschenkt wird. Und natürlich hat man sich nicht nur mit Worten, sondern auch mit Taten um eine Verbesserung der Bedingungen bemüht. Man denke nur an die Anerkennung der freiwilligen Tätigkeit als Praktikum, an Jugendleiterkarten und -vergünstigungen und an Weiterbildungsmöglichkeiten, um nur einige für Jugendliche besonders wichtige Dinge zu nennen.

Schon 2004 war die Zufriedenheit mit den Rahmenbedingungen des Engagements größer und dieser Trend hat sich fortgesetzt. Der Hauptbericht zum dritten Freiwilligensurvey hält dabei eine interessante Entwicklung fest: Während die Zufriedenheit mit den Bedingungen bei den Jugendlichen zunahm, zeigen sich die älteren Jahrgänge bedeutend kritischer.

Abbildung 44: Verbesserungswünsche der Engagierten an die Organisationen

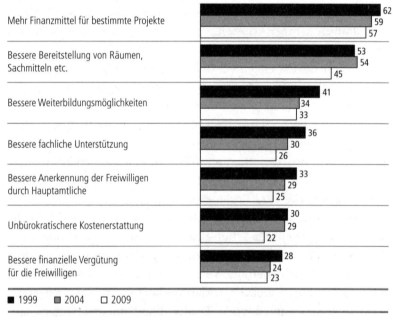

Da drückt der Schuh, da wären Verbesserungen nötig ...

■ 1999 ■ 2004 ☐ 2009

Engagierte Jugendliche 14 bis 24 Jahre mit ihrer zeitaufwändigsten freiwilligen Tätigkeit (Mehrfachnennungen, Angaben in %)

Quelle: Picot – Sozialwissenschaftliche Projekte und TNS Infratest Sozialforschung

Fragt man anhand einer vorgegebenen Liste (siehe Abbildung 44) zunächst danach, welche Verbesserungen vonseiten der Organisationen nötig wären, so führen (wieder) die Finanzmittel die Liste an. Es folgt ein Punkt, der Jugendlichen immer besonders wichtig ist: die Bereitstellung von Räumen und Sachmitteln. Aktivitäten von Jugendgruppen, das zeigen auch qualitative Untersuchungen, profitieren sehr von einem räumlichen Angebot, das Jugendlichen einen Treffpunkt bietet. Während andere Punkte der Verbesserungsliste von jugendlichen Engagierten nicht ganz so häufig genannt werden, muss man die beiden erstgenannten Themen mit 57 Prozent und 45 Prozent in 2009 als Essentials einstufen. Außer beim Thema »Finanzmittel« zeigt sich aber insgesamt ein deutlich abnehmender Problemdruck bei den jungen Engagierten.[129]

Was die Liste der Verbesserungswünsche an Staat und Öffentlichkeit angeht (siehe Abbildung 45), so mag sie für die Engagierten anderer Altersstufen passend sein, für Jugendliche trifft sie nicht unbedingt die Punkte, die ihnen im Engagement wirklich wichtig sind. Jugendliche wollen, wie schon gesagt, mit anderen zusammen etwas Sinnvolles tun und Spaß dabei haben.[130] Diese Formel beschreibt die Intentionen jugendlicher Engagierter recht gut. Dass manche auch den Nutzen ihres Engagements im Blick haben, also z. B. Fähigkeiten zu erwerben, einen Praktikumsnachweis zu erhalten oder Ähnliches, das kommt hinzu. An steuerliche Absetzbarkeit denken primär allerdings sicher nur äußerst wenige Jugendliche, auch wenn in einer gestützten Frage mit festen Antwortvorgaben ein paar Prozentpunkte zusammenkommen. Und nur in einigen Tätigkeitsfeldern ist für Jugendliche das Thema »Versicherungen« wichtig. Hier gehen die Prioritäten der Engagierten insgesamt und der jugendlichen Engagierten recht weit auseinander.

Wichtiger als den Engagierten insgesamt ist den jugendlichen Engagierten nur die Frage der besseren Anerkennung der freiwilligen Tätigkeit als berufliches Praktikum. Dieser Punkt rangiert weit vorn

---

129 Vgl. Picot 2009.
130 Vgl. u. a. Gliederungspunkt 5.1.

bei den Verbesserungswünschen; jedoch wird hier und im Hinblick auf alle anderen angesprochenen Rahmenbedingungen die Situation 2009 seltener als verbesserungsbedürftig angesehen.

Der Problemdruck der Engagierten ist insgesamt deutlich zurückgegangen. Da dieser Trend so einheitlich zu sein scheint, also wenig nach Themen differenziert, bei denen es in mehr oder weniger starkem Maße Verbesserungen gegeben hat, muss man eher nach einer umfassenden Erklärung suchen. Sie könnte, wie schon erwähnt, darin liegen, dass die Bedeutung und Wertschätzung des Ehrenamts oder des bürgerschaftlichen Engagements heute in viel stärkerem

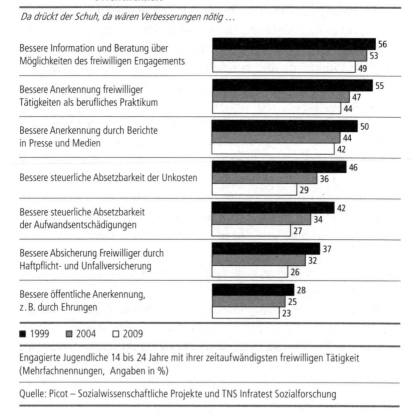

Abbildung 45: Verbesserungsvorschläge der Engagierten an Staat oder Öffentlichkeit

Engagierte Jugendliche 14 bis 24 Jahre mit ihrer zeitaufwändigsten freiwilligen Tätigkeit (Mehrfachnennungen, Angaben in %)

Quelle: Picot – Sozialwissenschaftliche Projekte und TNS Infratest Sozialforschung

Maß öffentlich kommuniziert wird und dabei klar wird, dass dem Thema politische Relevanz zugemessen wird. So erklärt sich eventuell auch der Widerspruch, dass einige Rahmenbedingungen im Zeitvergleich (Vorhandensein von Ansprechpartnern, Kostenerstattungen, Mitsprache) schlechter bewertet werden, die Befragten aber, auf Probleme oder Verbesserungsbedarf angesprochen, ein viel positiveres Bild zeichnen als früher.

Wenn Jugendliche sich heute etwas weniger häufig engagieren und weniger Zeit auf ihr Engagement verwenden, obwohl sie doch guten Willens und motiviert erscheinen, dann liegt dies eher an anderen Rahmenbedingungen. Zu denken ist an gesellschaftliche Vorgaben wie den gewachsenen Zeitdruck aufgrund hoher Qualifizierungsanforderungen bei komprimierten Ausbildungszeiten oder die zunehmende soziale Exklusion bildungsferner Jugendlicher. Man denke auch an die soziale Differenzierung, die bewirkt, dass Kinder und Jugendliche häufig nicht in zivilgesellschaftliche Strukturen eingebunden werden. Schließlich ist auch der Mobilitätsdruck von Familien und Jugendlichen zu nennen – mit der Folge einer geringeren regionalen Verwurzelung. So wird es schwerer, die für das Zustandekommen von Engagement so wichtigen Netzwerke zu knüpfen. Damit seien hier nur einige Beispiele gesellschaftlicher Rahmenbedingungen nochmals genannt.

6.4 Anstoß zum Engagement – auch durch die Schule

Für das Zustandekommen von Engagement sind bei Jugendlichen sozialstrukturelle Faktoren ausschlaggebend – das wurde im Verlauf der Studie gezeigt. Es sind vor allem die schicht- und bildungsspezifischen Voraussetzungen, die Einbindung in organisatorische Zusammenhänge und somit die Gelegenheitsstrukturen, auch die soziale Integration am Wohnort, die hier eine zentrale Rolle spielen. Ganz allgemein gesagt, geht es darum, dass man sich dort aufhält, an Orten, in Milieus, in Strukturen, wo man Gelegenheiten und Anregungen zum Engagement erhält. Dabei gibt es auslösende Faktoren oder

Anstöße, sich zu engagieren, die meist von anderen Personen kommen. Wie man an den Mehrfachnennungen in Tabelle 18 erkennt, waren es bei vielen Jugendlichen gleich mehrere Anstöße. Am häufigsten waren es leitende Personen aus der betreffenden Organisation oder Gruppe, die die Jugendlichen direkt angesprochen haben. Ähnlich häufig haben Freunde und Bekannte die Jugendlichen zum Engagement animiert, oder es waren Familienmitglieder, die dort schon aktiv waren. Alle diese Faktoren werden von Jugendlichen häufiger genannt als von den Engagierten insgesamt. Ein bei den Engagierten aller Altersgruppen und bei den Jugendlichen ähnlich großer Anteil gibt noch eigene Erlebnisse an, die zum Engagement führten. Für einen geringen Anteil waren auch externe Zugangswege wichtig, nämlich Medien und Informations- oder Kontaktstellen.

Zwischen männlichen und weiblichen Jugendlichen gibt es im Hinblick auf die Anstöße zum Engagement kaum Unterschiede, was

Tabelle 18: Anstoß zum Engagement, 2009

	Engagierte 14–24 Jahre			Bildungsstatus		Engagierte insgesamt
	alle	männlich	weiblich	niedrig/mittel	hoch	
Anstoß kam von ...						
leitenden Personen der Gruppe/Organisation	57	57	56	51	60	51
Freunden, Bekannten, die dort aktiv waren	52	50	54	58	48	45
Familie, die dort aktiv war	21	22	20	27	17	16
Informations- und Kontaktstelle	6	6	6	6	6	7
Presse, Rundfunk, TV	4	6	2	4	4	6
eigenen Erlebnissen	50	50	49	48	51	50
sonstigem	7	8	7	7	7	11

Engagierte ab 14 Jahren mit ihrer zeitaufwändigsten Tätigkeit

(Angaben in %, Mehrfachnennungen)

*Kategorien »niedriger« und »mittlerer Bildungsstatus« wegen geringer Fallzahlen zusammengefasst

nicht selbstverständlich ist, denn sie engagieren sich ja durchaus in unterschiedlichen Bereichen. Weibliche Jugendliche engagieren sich verstärkt auf Gebieten mit einer geringen Leitungsquote. Es wäre also eher zu erwarten, dass eine niedrigere Zahl weiblicher Jugendlicher von leitenden Personen zum Engagement motiviert wurde.

Einen deutlichen Unterschied sieht man allerdings im Hinblick auf den Bildungsstatus: Jugendliche mit hohem Bildungsstatus werden häufiger von leitenden Personen der Organisationen geworben. Bei Jugendlichen mit mittlerem oder niedrigem Bildungsstatus sind es viel öfter Freunde oder Familienmitglieder, die den Anstoß geben, sich zu engagieren.

Zusätzlich zu der Frage nach dem Anstoß zum Engagement wurden die Engagierten gebeten einzuordnen, ob es denn stärker Eigeninitiative war, die sie zur Aufnahme einer freiwilligen oder ehrenamtlichen Tätigkeit bewegt hat, oder ob sie eher geworben oder gefragt wurden (siehe Tabelle 19).

Nur ein kleiner Teil der Engagierten, besonders der jugendlichen, meint, nichts davon treffe zu und man sei nur hineingewachsen. Jugendliche Engagierte wurden ansonsten genauso oft aufgefordert oder geworben wie die Engagierten insgesamt, aber eben auch nicht häufiger. Dass sich hier zwischen 1999 und 2009 quantitativ nichts geändert hat, ist erstaunlich. Nicht zuletzt angesichts häufiger Klagen von Verbandsvertretern wäre es plausibel gewesen, dass man auf Jugendliche inzwischen vermehrt zugeht, um sie für eine engagierte Tätigkeit zu gewinnen. Nur bei weiblichen Jugendlichen ist auf diese Frage hin eine kleine Bewegung zu erkennen: Sie wurden etwas häufiger gefragt oder geworben, was die Differenz zu den männlichen Jugendlichen immerhin verringerte.

Interessant ist, dass offenbar die Bemühungen, Jugendliche zur Übernahme einer engagierten bzw. ehrenamtlichen Tätigkeit zu bewegen, gerade bei Jugendlichen mit hohem Bildungsstatus verstärkt wurden. Jugendliche mit mittlerem oder niedrigem Bildungsstatus sind viel öfter als 1999 auf Eigeninitiative angewiesen. Die Unterschiede bei den Geworbenen sind 2009 erheblich: 48 Prozent der Jugendlichen mit mittlerem und niedrigem Bildungsstatus und

Tabelle 19: Initiative zum Engagement: Eigeninitiative oder Fremdinitiative

	Engagierte 14–24 Jahre					Engagierte insgesamt
				Bildungsstatus		
	alle	männlich	weiblich	niedrig/ mittel	hoch	
Tätigkeit gefunden durch:						
Eigeninitiative						
1999	44	40	48	42	45	39
2009	43	42	45	51	38	42
Wurde geworben/gefragt						
1999	55	58	50	56	54	58
2009	56	57	54	48	60	56
Nichts davon, bin hineingewachsen						
1999	1	1	2	2	1	3
2009	1	1	1	1	1	1

Engagierte ab 14 Jahren mit ihrer zeitaufwändigsten Tätigkeit (Angaben in %)

Fehlende zu 100 %: trifft nicht zu

*Kategorien »niedriger« und »mittlerer Bildungsstatus« wegen geringer Fallzahlen zusammengefasst

60 Prozent derjenigen mit hohem formalem Bildungsniveau. Man denke nur an die Entwicklung zu noch stärkerer sozialer Selektivität jugendlichen Engagements. Die Intention eines Ausgleichs vonseiten der Träger und Verantwortlichen in den Organisationen ist in diesen Ergebnissen nicht zu erkennen, eher eine unabsichtlich verstärkende Tendenz.

Allerdings relativieren sich diese Aussagen etwas, wenn man die beiden Fragen (nach dem Anstoß zum Engagement und der Eigen- oder Fremdinitiative) im Zusammenhang sieht. Die beiden Fragen, deren Ergebnisse in Tabelle 18 und 19 dargestellt sind, überschneiden sich in gewisser Weise. Prinzipiell bestätigt eine Kreuzauswertung die Hypothese, dass jugendliche Engagierte, bei denen der Anstoß durch andere Personen (Leitende, Freunde) kam, weniger Eigeninitiative zeigten. Umgekehrt ist der Anteil der eigenmotivierten Engagierten größer, wenn externe Quellen als Anstoß oder Zugangswege genannt wurden (Medien, Kontaktstellen). Eine entsprechende Auswertung zeigt aber auch, dass es in vielen Fällen sowohl der Eigeninitiative als auch des Anstoßes von außen bedarf, um eine engagierte Tätigkeit aufzunehmen. Zwei Drittel der Engagierten, die angaben, durch Eigeninitiative zum Engagement gekommen zu sein, nannten gleichzeitig leitende Personen der Organisation oder Gruppe als Anstoßgeber. Möglicherweise wird hier von den Befragten unterschieden zwischen einem ersten Schritt der Kontaktaufnahme (»Wo kam für Sie damals der entscheidende Anstoß her ...?«) und der letztendlichen Bereitschaft, eine konkrete Aufgabe zu übernehmen (»Ging die Initiative eher von Ihnen aus oder wurden Sie geworben oder gefragt, ob Sie die Aufgabe übernehmen wollten?«).

Die Fragen spiegeln eventuell auch einen gewissen Motivkonflikt wider: Man möchte einerseits gefragt werden, andererseits soll es immer noch der eigene Entschluss bleiben, ob man sich freiwillig engagiert, vielleicht auch das eigene Verdienst. Hier soll keineswegs die Eigeninitiative oder der eigene Antrieb zum Engagement unterbewertet werden. Allerdings muss man hervorheben, wo Engagementförderung Einfluss nehmen kann. Es bleibt festzuhalten: Für das Zustandekommen von Engagement sind konkrete Anstöße verschiedener Art keinesfalls zu unterschätzen. Die Träger und Organisationen mit ihren leitenden Personen sind gut beraten, diese Prozesse zu analysieren und ihr Zugehen auf mögliche Interessenten zu durchdenken und zu gestalten. Gefragt werden und entsprechend gefragt sein bedeutet gerade für Jugendliche, die noch ihren Platz in der Gesellschaft finden müssen, ein extrem wichtiges Signal.

Was den Anstoß zum Engagement betrifft, so gibt es im dritten Freiwilligensurvey noch eine spezielle Frage an die Schüler. Dabei geht es konkret um den Beitrag der Institution Schule zum Zustandekommen von Engagement. Schule spielt zum einen als Tätigkeitsfeld für öffentliche Aktivität und freiwilliges Engagement von Jugendlichen eine relativ große Rolle. Hier kann Engagement eingeübt werden, beispielsweise in Schülergremien (wie Schülermitverwaltung und Schülerkonferenzen), in Arbeitskreisen und Arbeitsgruppen (für die Schülerzeitung, die Organisation von Schulfesten oder themenbezogen, z. B. im Arbeitskreis »Dritte Welt«), in Funktionen als Klassensprecher oder Streitschlichter. Zum anderen kann Schule zum Engagement in anderen Bereichen anregen, etwa durch gemeinnützige Projekte im Unterricht oder die Mitarbeit in sozialen Einrichtungen außerhalb der Schule. Die Idee der Engagementförderung an Schulen hat in den letzten Jahren eine deutliche Aufwertung erfahren. Mit vielfältigen und sehr unterschiedlichen Handlungsansätzen wird versucht, den Schülern innerhalb und außerhalb des Unterrichts Zugänge zum Engagement zu eröffnen. Allerdings muss mit Blick auf die Gesamtheit der Schulen in Deutschland immer noch festgestellt werden, dass die Reichweite dieser verdienstvollen Vorhaben sehr begrenzt ist.[131]

Schüler, das wurde schon angesprochen, sind in der gesamten Bandbreite der Tätigkeitsfelder aktiv und engagiert, wenn auch natürlich überdurchschnittlich oft in der Schule, und das gilt auch für den kirchlichen Bereich. Mit einer Engagementquote von 38 % sind sie eine häufig engagierte Gruppe. Auf die Frage, ob ihnen die Schule Anregungen oder Anstöße zu ihrer freiwilligen bzw. ehrenamtlichen Tätigkeit gegeben hat, antwortet ein gutes Drittel der engagierten Schüler mit Ja, bei zwei Dritteln kommt das Engagement ohne die Schule zustande. Groß ist hier der Unterschied zwischen Schülern des Gymnasiums und der anderen Schultypen. Bei Haupt- und Realschülern spielt nämlich die Schule in dieser Hinsicht eine viel größere Rolle (siehe Tabelle 20). Ein Grund hierfür liegt vielleicht in einer vermehrten Engagementförderung in diesen Schultypen. Ein weiterer wesentlicher Grund aber dürfte darin zu suchen sein, dass Gymnasiasten, wie schon mehrfach gezeigt, viel besser in andere öffentliche Strukturen eingebunden sind und sich meist schon von früh auf in Kontexten bewegen (Sportvereine, Musik- und Theatergruppen, kirchliche Jugendgruppen etc.), in denen es Gelegenheiten und Anstöße zum Engagement gibt. Umso

---

131 Vgl. Hartnuss 2010; Meinhold-Henschel 2011; Picot 2011: Die Bereitschaft zum Engagement aufgreifen – in der Schule und darüber hinaus.

wichtiger ist die Engagementförderung an Haupt- und Realschulen einzuschätzen, da diese Schultypen auch die Kinder und Jugendlichen erreichen, die sonst weniger gefördert werden.

Diejenigen Schüler, deren Engagement durch Anregungen der Schule entstand oder die davon profitierten, geben sehr oft gleich mehrere Quellen an. Die größte Rolle spielen die sozialen oder gemeinnützigen Projekte im Unterricht. Sie werden gerade von engagierten Haupt- und Realschülern besonders oft genannt. Die Arbeitsgruppen und Arbeitskreise scheinen dagegen an den Gymnasien stärker etabliert zu sein als an den anderen Schulen. Ausbaufähig ist sicherlich die Zusammenarbeit mit sozialen oder gemeinnützigen Einrichtungen außerhalb der Schule.

Tabelle 20: Anstoß oder Anregung zum Engagement durch die Schule, 2009

	Schüler/innen insgesamt	Hauptschule und Realschule	Gymnasium
Anstoß kam durch die Schule:			
ja	34	42	31
nein	66	58	69
Wenn ja (= 100%) – Anstoß kam durch:			
Soziale Projekte im Unterricht	55	63	50
Mitarbeit in Schülergremien	44	47	43
Mitarbeit in Arbeitsgruppen	48	43	51
Zusammenarbeit mit sozialen Einrichtungen	13	14	12
Persönlichen Einsatz	36	34	38
Sonstiges	14	17	13

Engagierte Schüler ab 14 Jahre mit ihrer zeitaufwändigsten Tätigkeit (Angaben in %, Mehrfachnennungen)

Kategorien »Hauptschule« und »Realschule« wegen geringer Fallzahlen zusammengefasst

Wichtig erscheint, dass Engagementförderung an Schulen nicht nur im Unterricht verankert ist, sondern auch über den Rahmen der Schule hinausweist. Dies ist vor allem im Hinblick auf die Nachhaltigkeit des Engagements zu bedenken und gilt besonders für projektbezogenes Engagement. Es ist das zentrale Merkmal von Projekten, dass sie auf eine begrenzte Zeit angelegt sind, in der Regel höchstens auf eine mittelfristige, meist aber kurzfristige Dauer. Es sollte gelingen, die Brücke zu anderen Organisationen oder Gruppen außerhalb der Schule zu schlagen, damit die Schüler dorthin eine Bindung entwickeln können. So besteht vielleicht die Chance, dass sie sich einer Sache längerfristig widmen, womöglich sogar noch nach Abschluss der Schule.

Die Schulen haben, wie man sieht, einen wichtigen Part bei der Engagementförderung und nehmen ihn auch wahr.[132] Und dies wird immer wichtiger angesichts der Tatsache, dass Schüler mehr Zeit in der Schule verbringen. Man denke an den Trend zur Ganztagsschule und die Komprimierung der Schulzeit auf acht Jahre an den Gymnasien, die mit einer Ausweitung des Unterrichts auf die Nachmittagsstunden einhergeht. Schülern fehlt es offenbar heute vielfach an zeitlichen Spielräumen neben der Schule, um sich überhaupt zu engagieren oder sich ihrem Engagement intensiver zu widmen. Nicht zu vergessen ist in diesem Zusammenhang auch, dass Schulen die Toleranz gegenüber freiwilligem Engagement aufbringen müssen, das mit der Schule weder primär noch sekundär zu tun hat. Hier gilt es, den engagierten Schülern zeitliche Spielräume anzubieten.

Auf die kompensatorische Bedeutung der Engagementförderung an Schulen wurde schon hingewiesen. Schule ist die einzige Institution, die alle Jugendlichen erreicht und die sie früh erreicht. Sie kann z. B. für die gesellschaftliche Partizipation von Kindern aus Familien mit Migrationshintergrund einen wichtigen Beitrag leisten.

---

132 Vgl. Gliederungspunkt 2.4.

Zusammenfassung

- *Entwicklung von Aktivität und freiwilligem Engagement Jugendlicher:* Jugendliche sind nach wie vor eine sehr aktive Gruppe in der Gesellschaft, wenn man an das Mitmachen im Sport, in der Musik, bei schulischen und außerschulischen Aktivitäten, in kirchlichen und anderen Jugendgruppen denkt. Dabei übernehmen sie inzwischen allerdings etwas weniger oft Aufgaben im Sinne eines freiwilligen Engagements. Das Engagement Jugendlicher im Alter von 14 bis 24 Jahren ging zwischen 1999 und 2009 leicht zurück, während sich die älteren Bürger und Personen mittleren Alters vermehrt engagierten. 1999 lag die Engagementquote Jugendlicher im Alter von 14 bis 24 Jahren noch leicht über dem Durchschnitt der Bevölkerung, 2009 sind es 35 Prozent der Jugendlichen, die sich freiwillig engagieren, gegenüber 36 Prozent in der Bevölkerung insgesamt.
- *Wo Jugendliche sich engagieren:* Das Engagement Jugendlicher ist charakterisiert durch die Nähe zum persönlichen Lebensumfeld. Die meisten jungen Menschen engagieren sich im Sport, es folgen der kirchliche Bereich, die Bereiche Schule, Musik und Kultur, die Jugendverbandsarbeit und die Feuerwehren und Rettungsdienste. Im Vergleich zur Bevölkerung unterrepräsentiert sind Jugendliche nach wie vor im sozialen und im politischen Bereich. Das freiwillige Engagement nahm im kirchlichen Umfeld und in der außerschulischen Jugendarbeit zu. Abgenommen hat es im Sport und im Bereich Freizeit und Geselligkeit.
- *Zeit für Engagement:* Jugendliche, die sich engagieren, verwenden weniger Zeit auf das Engagement oder finden seltener in der Wo-

che Zeit dazu. Diese Entwicklung gilt vor allem für die Schüler. Besonders der Anteil der Jugendlichen, die bisher viel Zeit für ihr Engagement einsetzten bzw. die nicht nur eine, sondern noch eine weitere freiwillige Tätigkeit ausübten, ist rückläufig. Das Engagement bleibt aber eine verbindliche Größe im Leben der Jugendlichen: Es ist ihnen keineswegs weniger wichtig.

- *Bereitschaft zum Engagement:* Während einerseits das tatsächliche Engagement Jugendlicher leicht zurückging, äußerten andererseits viele bisher nicht engagierte Jugendliche die Bereitschaft, sich zu engagieren. Dieses Potenzial hat sogar deutlich zugenommen, zumindest wenn es um die eher unverbindliche Engagementbereitschaft geht. Je konkreter es jedoch um die Umsetzung geht, desto eher stagnieren die Anteile im Zeitvergleich oder gehen zurück.
- *Ganztagsschule und komprimierte Ausbildungszeiten:* Ein Grund dafür könnte in vermehrter zeitlicher Beanspruchung im Qualifizierungsbereich liegen. Angesichts der zunehmenden Entwicklung zur Ganztagsschule gilt das z. B. für Schülerinnen und Schüler. Der Unterricht wird mehr und mehr in die Nachmittagsstunden verlagert; das reduziert ihre zeitlichen Spielräume. Verkürzte Ausbildungszeiten in Schule und Studium setzen vor allem Gymnasiasten und Studierende unter Druck.
- *Ost und West:* Das geringere Engagement einiger Gruppen wird durch andere teilweise ausgeglichen. Das gilt z. B. im Ost-West-Vergleich. Während das früher deutlich höhere Engagement in den westlichen Bundesländern zurückging, nahm es in den östlichen Bundesländern zu und hat nun ein ähnliches Niveau erreicht. Die Gründe sind vor allem im Ausbau der zivilgesellschaftlichen Strukturen im Osten zu suchen. Im Westen wirkt sich die Umstellung auf die achtjährige Gymnasialzeit aus und auch der hier recht dynamische Trend zur Ganztagsschule dürfte eine Rolle spielen.
- *Bildungsstatus:* Bestimmte Gruppen Jugendlicher sind im freiwilligen Engagement stark unterrepräsentiert. In sogar deutlich zunehmendem Maß gilt das für die Jugendlichen mit niedrigem

Bildungsstatus, die immer weniger oft aktiv sind im Sinne des Mitmachens bei den verschiedenen Aktivitäten in Gruppen und Vereinen und die sich immer seltener engagieren. Sie können daher auch nicht von den Lernchancen des Engagements profitieren. Auch Jugendliche mit mittlerem Bildungsstatus engagieren sich weniger häufig.

- *Herkunft:* Jugendliche mit Migrationshintergrund sind auch weiterhin seltener engagiert als autochthon deutsche Jugendliche, wären aber in hohem Maße dazu bereit. Ein Grund für die niedrigere Engagementquote liegt darin, dass sie viel weniger Kontakt zu zivilgesellschaftlichen Strukturen haben. So ist z. B. der Anteil derer, die Mitglied in einem Verein oder einer gemeinnützigen Organisation sind, bei Jugendlichen mit Migrationshintergrund nur halb so groß wie bei Jugendlichen ohne Migrationshintergrund.
- *Geschlecht:* Die Engagementquote ist bei weiblichen und männlichen Jugendlichen unterschiedlich hoch. Bis zum Alter von 19 Jahren sind weibliche Jugendliche noch häufiger engagiert als männliche. Junge Frauen ab dem Alter von 20 Jahren allerdings halten sich zurück, wenn es um freiwilliges Engagement geht, offenbar weil sie sich vor der Familienphase stärker auf ihren beruflichen Werdegang konzentrieren, und nehmen damit quasi die Vereinbarkeitsproblematik vorweg. Dies ist allerdings keine neue Entwicklung. Jugendliche zeigen auch recht traditionelle geschlechtsspezifische Vorlieben für bestimmte Tätigkeitsfelder des Engagements. Männliche Jugendliche bevorzugen den Sport, die Feuerwehren, Politik und den Freizeitbereich, weibliche Jugendliche betätigen sich öfter im kirchlichen und im sozialen Bereich, auch etwas mehr im schulischen Umfeld und im Umwelt-, Natur- und Tierschutz.
- *Regionale Mobilität:* Negative Auswirkungen auf die Engagementquote Jugendlicher hat die regionale Mobilität. Die Zahl junger Menschen, die noch am Geburtsort leben, ist in den letzten zehn Jahren deutlich zurückgegangen, bedingt durch den Wohnortwechsel der Eltern oder auch durch eigene regionale Mobilität. Dies hat Konsequenzen für die soziale Einbindung am Wohnort.

Auch die Freundeskreise Jugendlicher am Ort sind kleiner geworden. Gerade die Größe des Freundeskreises ist ein Maßstab für die Verwurzelung am Wohnort und steht in engem Zusammenhang mit freiwilligem Engagement.

- *Internet und Engagement:* Engagierte aller Altersgruppen nutzen in stark zunehmendem Maß das Internet im Rahmen ihrer engagierten Tätigkeiten. Junge Menschen zwischen 20 und 29 Jahren sind dabei die häufigsten Nutzer. Bei jugendlichen Engagierten spielen Vernetzungsarbeiten eine relativ große Rolle. Das Internet hat vor allem die Funktion eines zunehmend selbstverständlichen Hilfsmittels im Engagement. Am meisten profitieren Jugendliche mit politischem Engagement vom Internet, hier kann man von einer die Partizipation fördernden Wirkung ausgehen. Auswirkungen einer eventuellen Verlagerung sozialer Kontakte ins Web 2.0 auf das Engagement in regionalen Strukturen müssten noch stärker untersucht werden. Das gilt generell für die wachsende Bedeutung der social media sowie für neue Formen des Engegements im Netz.
- *Wichtigste Erklärungsfaktoren für das Zustandekommen von Engagement:* Wie freiwilliges Engagement Jugendlicher zustande kommt, darauf haben zwei Faktoren eine besonders starke Auswirkung. Zum einen ist es die Mitgliedschaft in gemeinnützigen Vereinen und Organisationen: Wer eine Mitgliedschaft eingegangen ist, hat bereits einen Schritt in einen Engagement fördernden Kontext getan. Zum anderen hat der formale Bildungsstatus einen wesentlichen Einfluss darauf, ob Jugendliche sich engagieren oder nicht. Die Wahrscheinlichkeit für freiwilliges Engagement ist bei einem hohen Bildungsabschluss bzw. dem Besuch des Gymnasiums, der Hochschule oder Universität erheblich größer. Offenbar verschaffen Gymnasium und Abitur Zugang zu einer bürgerlichen Engagementkultur, die Absolventen anderer Schultypen bisher weniger zugänglich ist. Weitere wichtige Einflussfaktoren sind eine gute lokale Vernetzung, gemessen an einem großen Freundeskreis, die Kirchenbindung und ein starkes politisches Interesse.
- *Einfluss der Werte:* Die Werte, die Jugendliche vertreten, haben sich mittelfristig, d.h. im Laufe der letzten zehn Jahre, nicht we-

sentlich geändert. Auch im längerfristigen Vergleich haben Jugendliche ein recht stabiles Wertegerüst; allerdings kann man eine insgesamt etwas konservativere Grundhaltung feststellen. Für das Zustandekommen von Engagement hat die Werteorientierung Jugendlicher eine gewisse Bedeutung, allerdings keine zentrale. Eine idealistische Werthaltung mit Betonung von Toleranz und Altruismus fördert das freiwillige Engagement. Dagegen steht eine hedonistisch-materialistische Grundhaltung oder Ausrichtung an konventionellen Werten bzw. Sekundärtugenden (wie Sicherheit, Ordnung und Fleiß) eher in negativem Zusammenhang mit Engagement. Die Werte Jugendlicher entscheiden aber mehr darüber, warum und wo sie sich engagieren, als darüber, ob sie sich engagieren. Das tatsächliche Entstehen von Engagement erklärt sich eher aus sozialstrukturellen Merkmalen.

- *Motive und Erwartungen:* Was die Motive der engagierten Jugendlichen betrifft, so spielt der Einsatz für das Gemeinwohl eine wichtige und stabile Rolle. Viele Jugendliche hoffen aber auch, im Engagement Qualifikationen zu erwerben oder, noch konkreter, einen beruflichen Nutzen zu haben. Am wichtigsten waren jugendlichen Engagierten immer die Geselligkeit und der Spaß. Diese Motivation ist jedoch zurückgegangen. Es zeigt sich hier ein gewisser Verlust der Unbeschwertheit; stattdessen rückt stärker der Nutzen des Engagements in den Vordergrund. Dabei geht es sowohl um den Nutzen für andere und das Gemeinwohl als auch vermehrt um den eigenen Nutzen bzw. die eigenen Interessen.
- *Organisationsstrukturen:* Jugendliche engagieren sich in ganz verschiedenen Tätigkeitsbereichen und Organisationsformen. Dabei überwiegen nach wie vor bei Weitem die traditionellen Organisationsformen: Vereine, staatliche und kommunale Einrichtungen (Schulen), Kirchen und Verbände. Die Auswertung zeigt eine Zunahme des Engagements in Projekten, Initiativen und Gruppen, allerdings nahezu ausschließlich unter dem Dach der Institution Schule. Insofern greift die verbreitete Formel von der wachsenden Beliebtheit des projektförmigen Engagements bzw. der informellen Formen der Selbstorganisation zu kurz. Es gibt auch keinen

Trend zu befristetem oder unregelmäßigem Engagement bei Jugendlichen. Engagement in Projekten steht nicht in Konkurrenz zu Engagement in traditionellen Organisationsformen sondern erscheint als sinnvolle Ergänzung nachhaltigerer Formen.

- *Mitgliedschaft in Vereinen und Organisationen:* Die Analyse der Daten des dritten Freiwilligensurveys zeigt, dass die Mitgliedschaft in gemeinnützigen Vereinen und Organisationen eine große Auswirkung auf das Zustandekommen von freiwilligem Engagement hat. Jugendliche, die in Sportvereinen, in kulturellen Zusammenhängen, in Jugendgruppen, in Hilfsorganisationen und Umweltverbänden, in Parteien und Gewerkschaften Mitglieder sind, erhalten erheblich mehr Gelegenheiten und Anstöße zu freiwilligem Engagement. Auch hier sind die sozialen Unterschiede wieder deutlich erkennbar: Mitgliedschaften bestehen häufiger bei Jugendlichen mit hohem Bildungsstatus, selten bei Jugendlichen mit Migrationshintergrund. Eine entsprechende schichtspezifische Tendenz zeigen schon Kinderstudien. Man wird früher und konsequenter als bisher ansetzen müssen, um Jugendliche in zivilgesellschaftliche Zusammenhänge einzubeziehen und günstige Bedingungen für freiwilliges Engagement zu schaffen.
- *Anstoß zum Engagement – auch durch die Schule:* Auch wenn für das Entstehen von Engagement bei Jugendlichen sozialstrukturelle Faktoren von zentraler Bedeutung sind, so gibt es doch auslösende Momente und Anstöße, sich zu engagieren, die meist von anderen Personen kommen. Besonders wichtig und von den Organisationen gestaltbar ist der Weg ins Engagement über leitende Personen der Gruppe oder Organisation. Die Daten zeigen, dass Jugendliche mit hohem Bildungsstatus häufiger von leitenden Personen geworben oder gefragt werden – zwischen 1999 und 2009 nahm diese Tendenz sogar zu. Die Zugangswege zum Engagement und die Praxis der Werbung um jugendliche Engagierte sollten von den Trägern und verantwortlichen Personen in den Organisationen noch stärker überdacht und bewusst gestaltet werden.

Bei etwa einem Drittel der engagierten Schüler kam die Anregung oder der Anstoß zum Engagement durch die Schule und zwar besonders oft durch soziale Projekte im Unterricht, aber z. B. auch durch die Mitarbeit in Arbeitsgruppen oder Schülergremien. Diese Anregungen hatten für Schüler von Haupt- und Realschulen einen höheren Stellenwert, da sie ansonsten weniger in öffentliche Strukturen eingebunden sind. Die Schule kann hier einen kompensatorischen Beitrag leisten, auch im Hinblick auf die gesellschaftliche Teilnahme von Schülern mit Migrationshintergrund. Schule hat insgesamt eine zunehmend wichtige Rolle bei der Engagementförderung, weil Schüler hier immer mehr Zeit verbringen; man denke an den Trend zur Ganztagsschule sowie die Komprimierung der Schulzeit an den Gymnasien und die damit verbundene Ausweitung des Unterrichts in die Nachmittagsstunden.

- *Rahmenbedingungen:* Im Zeitvergleich fühlen sich engagierte Jugendliche 2009 den Anforderungen durch ihre ehrenamtliche bzw. freiwillige Tätigkeit besser gewachsen. Die Notwendigkeit der Verbesserung von Rahmenbedingungen des Engagements durch Träger, Staat und Öffentlichkeit wird artikuliert, aber Problemdruck und Kritik haben deutlich nachgelassen. In etlichen Punkten ist nach Wahrnehmung der engagierten Jugendlichen etwas geschehen – sei es bei der Bereitstellung von Räumen und Sachmitteln, sei es im Hinblick auf die fachliche Unterstützung durch die Organisation, sei es bei der verbesserten Anerkennung des Engagements als Praktikum. Zum Rückgang der früher sehr ausgeprägten Kritik wird beigetragen haben, dass Bedeutung und Wertschätzung des Engagements in den letzten Jahren viel stärker öffentlich kommuniziert wurden. Während einerseits der subjektiv empfundene Problemdruck nachließ, zeigt im Widerspruch dazu die Schilderung der realen Bedingungen durch die Engagierten auch problematische Entwicklungen. So waren nach Angabe der Engagierten aller Altersgruppen seltener Ansprechpartner für Freiwillige vorhanden. Die Möglichkeiten der Mitsprache wurden vermehrt negativ eingeschätzt; das gilt auch für die Möglichkeiten regelmäßiger Kostenerstattung. Noch problematischer für die Entfaltung des Engagementpotenzials sind jedoch gesellschaftliche Rahmenbedingungen wie der offensichtlich größere Zeitdruck Jugendlicher und die Randposition bildungsferner Jugendlicher.

- *Demographie:* Wie auf dem Arbeitsmarkt wird der Rückgang der Altersgruppe Jugendliche auch in der Zivilgesellschaft zunehmend spürbar werden. Wer Jugendliche dazu bringen will, sich zu engagieren, und sie in diesem Engagement binden will, kann zwar mit hoher Motivation und Leistungsbereitschaft rechnen, muss aber ihrem Engagement und ihren Gestaltungswünschen entsprechende, auch zeitliche Spielräume bieten und ihre Potenziale fördern.

Literatur

Begemann, Maik-Carsten, Manfred Bröring und Erich Sass. »Eine Studie über neue Formen des Engagements«. In: *Jugendpolitik. Fachzeitschrift des Deutschen Bundesjugendrings.* (17) 1 2011. 16–21.

Beher, Karin, Reinhard Liebig und Thomas Rauschenbach. *Strukturwandel des Ehrenamts. Gemeinwohlorientierung im Modernisierungsprozess.* Weinheim und München 1999.

BMFSFJ – Bundesministerium für Familie, Senioren, Frauen und Jugend (Hrsg.). *Grund- und Strukturdaten 2007/2008. Daten zur Bildung in Deutschland.* Bonn und Berlin 2008. (Auch online unter www.bmbf.de/pub/gus_2007-2008.pdf, Download 20.12.2011.)

Braun, Sebastian. *Ehrenamtliches und freiwilliges Engagement im Sport. Sportbezogene Sonderauswertung der Freiwilligensurveys von 1999, 2004 und 2009.* Hrsg. Bundesinstitut für Sportwissenschaft. Köln 2011.

DOSB – Deutscher Olympischer Sportbund. *Sportentwicklungsbericht 2009/2010 – Analyse zur Situation der Sportvereine in Deutschland und Daten zu Frauen und Gleichstellung und Ost-West-Vergleich.* Frankfurt am Main 2010. (Auch online unter www.dosb.de/de/sportentwicklung/sportentwicklungs-news/detail/news/sportentwicklungsberichts_20092010_veroeffentlicht/, Download 20.12.2011.)

Düx, Wiebken. »Das Ehrenamt in Jugendverbänden«. In: Beher, Karin, Reinhard Liebig und Thomas Rauschenbach. *Strukturwandel des Ehrenamts. Gemeinwohlorientierung im Modernisierungsprozess.* Weinheim und München 1999. 99–142.

Düx, Wiebken und Erich Sass. *Individuelle und institutionelle Passungen bürgerschaftlichen Engagements.* Forschungsprojekt im Auftrag des BMFSFJ, Laufzeit 2007 bis 2009, (unveröffentliches Manuskript)

Düx, Wiebken, Gerald Prein, Erich Sass und Claus J. Tully. *Kompetenzerwerb im freiwilligen Engagement. Eine empirische Studie zum informellen Lernen im Jugendalter.* Wiesbaden 2008.

Forschungsverbund Deutsches Jugendinstitut und Technische Universität Dortmund. *Jugendliche Aktivitäten im Wandel. Gesellschaftliche Beteiligung und Engagement in Zeiten des Web 2.0.* Dortmund 2011. (Auch online unter www.forschungsverbund.tu-dortmund.de/fileadmin/Files/Engement/Abschlussbericht_Engagement_2_0.pdf, Download 20.12.2011.)

Gensicke, Thomas. »Individualität und Sicherheit in neuer Synthese? Wertorientierungen und gesellschaftliche Aktivität«. In: *Jugend 2002. Zwischen pragmatischem Idealismus und robustem Materialismus.* Hrsg. Shell Deutschland Holding GmbH. Frankfurt am Main 2002. 139–151.

Gensicke, Thomas. »Zeitgeist und Wertorientierungen«. In: *Jugend 2006. Eine pragmatische Generation unter Druck.* Hrsg. Shell Deutschland Holding GmbH. Frankfurt am Main 2006. 169–202.

Gensicke, Thomas. »Jugend 2010. Ihre Mentalität und ihr Bezug zur Gesellschaft«. In: *Außerschulische Bildung. Materialien zur politischen Jugend- und Erwachsenenbildung* (41) 4 2010. 322–330.

Gensicke, Thomas. »Teil B: Trend-Indikatoren zur Entwicklung der Zivilgesellschaft in der Dekade 1999–2009«. In: Gensicke, Thomas und Sabine Geiss: *Hauptbericht des Freiwilligensurveys 2009. Zivilgesellschaft, soziales Kapital und freiwilliges Engagement in Deutschland 1999 – 2004 – 2009.* Hrsg. BMFSFJ. München 2010. 63–172.

Gensicke, Thomas. »Wertorientierungen, Befinden und Problembewältigung«. In: *Jugend 2010. Eine pragmatische Generation behauptet sich.* Hrsg. Shell Deutschland Holding GmbH. Frankfurt am Main 2010. 187–242.

Gensicke, Thomas und Sabine Geiss. »Bürgerschaftliches Engagement: Das politisch-soziale Beteiligungsmodell der Zukunft?« In: *Politische Partizipation zwischen Konvention und Protest: Eine studienorientierte Einführung*. Hrsg. Beate Hoecker. Opladen 2006. 308–328.

Gensicke, Thomas und Sabine Geiss. *Hauptbericht des Freiwilligensurveys 2009. Zivilgesellschaft, soziales Kapital und freiwilliges Engagement in Deutschland 1999 – 2004 – 2009*. Hrsg. BMFSFJ. München 2010. (Auch online unter www.bmfsfj.de/RedaktionBMFSFJ/Broschuerenstelle/Pdf-Anlagen/3._20Freiwilligensurvey-Hauptbericht,property=pdf,bereich=bmfsfj,sprache=de,rwb=true.pdf, Download 20.12.2011.)

Gensicke, Thomas, Sibylle Picot und Sabine Geiss. *Freiwilliges Engagement in Deutschland 1999–2004. Ergebnisse der repräsentativen Trenderhebung zu Ehrenamt, Freiwilligenarbeit und bürgerschaftlichem Engagement*. Wiesbaden 2006.

Gille, Martina, Sabine Sardei-Biermann, Wolfgang Gaiser und Johann de Rijke. *Jugendliche und junge Erwachsene in Deutschland. Lebensverhältnisse, Werte und gesellschaftliche Beteiligung 12- bis 29-Jähriger*. Wiesbaden 2006.

Hartnuss, Birger. »Kurzgutachten ›Schulöffnung und bürgerschaftliches Engagement‹«. In: *Engagement ermöglichen – Strukturen gestalten. Handlungsempfehlungen für eine nationale Engagementstrategie*. Hrsg. BBE. Nationales Forum für Engagement und Partizipation. Berlin 2010. 62–72.

Hurrelmann, Klaus. *Lebensphase Jugend. Eine Einführung in die sozialwissenschaftliche Jugendforschung*. Weinheim und München 2005.

Inglehart, Ronald. *Modernisierung und Postmodernisierung. Kultureller, wirtschaftlicher und politischer Wandel in 43 Gesellschaften*. Frankfurt am Main und New York 1998.

Jugendwerk der Deutschen Shell (Hrsg.). *Jugend '97. Zukunftsperspektiven, gesellschaftliches Engagement, politische Orientierungen*. Opladen 1997.

Klages, Helmut und Thomas Gensicke. »Wertewandel und Big-Five-Dimensionen«. In: *Persönlichkeit. Eine vergessene Größe der empirischen Sozialforschung.* Hrsg. Siegfried Schumann. Wiesbaden 2005. 279–300.

Klein, Ansgar. *Der Diskurs der Zivilgesellschaft. Politische Kontexte und demokratietheoretische Bezüge der neueren Begriffsverwendung.* Opladen 2001.

KMK – Kultusministerkonferenz (Hrsg.). *Allgemein bildende Schulen in Ganztagsform in den Ländern in der Bundesrepublik Deutschland. Statistik 2004 bis 2008 und Statistik 2005 bis 2009. Dokumente des Sekretariats der Ständigen Konferenz der Kultusminister.* Berlin 2010 und 2011. (Auch online unter www.kmk.org/fileadmin/pdf/Statistik/GTS_2008.pdf und www.kmk.org/fileadmin/pdf/Statistik/GTS_2009_Bericht_Text.pdf, Download 20.12.2011.)

Langness, Anja, Ingo Leven und Klaus Hurrelmann. »Jugendliche Lebenswelten: Familie, Schule, Freizeit«. In: *Jugend 2006. Eine pragmatische Generation unter Druck.* Hrsg. Shell Deutschland Holding GmbH. Frankfurt am Main 2006. 49–102.

Leven, Ingo und Ulrich Schneekloth. »Die Freizeit: Sozial getrennte Kinderwelten«. In: *Kinder in Deutschland, 2. World Vision Kinderstudie.* Hrsg. World Vision Deutschland e.V. Frankfurt am Main 2010. 95–140.

Leven, Ingo, Gudrun Quenzel und Klaus Hurrelmann. »Familie, Schule, Freizeit. Kontinuitäten im Wandel«. In: *Jugend 2010. Eine pragmatische Generation behauptet sich.* Hrsg. Shell Deutschland Holding GmbH. Frankfurt am Main 2010.

Meinhold-Henschel, Sigrid. »Kinder und Jugendliche als Zielgruppe einer nachhaltigen Engagementförderung«. In: *Handbuch Kommunale Engagementförderung im sozialen Bereich.* Hrsg. Ansgar Klein, Petra Fuchs und Alexander Flohé. Freiburg 2011. 123–133.

Picot, Sibylle. »Freiwilliges Engagement Jugendlicher im Zeitvergleich 1999–2004«. In: *Freiwilliges Engagement in Deutschland 1999–2004. Ergebnisse der repräsentativen Trenderhebung zu Ehrenamt, Freiwilligenarbeit und bürgerschaftlichem Engagement.* Hrsg. BMFSFJ. Wiesbaden 2006. 177–223.

Picot, Sibylle (unter Mitarbeit von Juliet Brook-Blaut). »Teil A: Die Qualitative Untersuchung: Ergebnisse aus explorativen Interviews und Fallstudien« und »Teil B: Die Best-Practice-Fallstudien im Einzelnen«. In: *Stärkung der lokalen verbandlichen Kinder- und Jugendgruppenarbeit von Naturschutzjugend (NAJU) und Naturschutzbund Deutschland (NABU) e.V. Ergebnisse einer empirischen Untersuchung.* Hrsg. Naturschutzjugend (NAJU) im NABU e.V. Berlin 2009. 9–154. (Auch online unter www.imperia.verbandsnetz.nabu. de/imperiamdb/naju/pics/projekte/verbandsprojekt/schluss bericht.pdf, Download 20.12.2011.)

Picot, Sibylle. »Engagement und Lebenslagen im Wandel. Ergebnisse des Freiwilligensurveys kommentiert aus Sicht der Shell Jugendstudien«. In: *Jugendpolitik – Fachzeitschrift des Deutschen Bundesjugendrings* (36) 4 2010. 14–20.

Picot, Sibylle. »Die Bereitschaft zum Engagement aufgreifen – in der Schule und darüber hinaus«. In: *Diskurs Service Learning. Unterricht und Bürgerengagement verbinden.* Hrsg. Aktive Bürgerschaft. Berlin 2011. 37–41.

Picot, Sibylle. *Jugend in der Zivilgesellschaft. Freiwilliges Engagement Jugendlicher von 1999 bis 2009.* Hrsg. Bertelsmann Stiftung. Gütersloh 2011. (Auch online unter www.bertelsmann-stiftung.de/ bst/de/media/xcms_bst_dms_34027_34729_2.pdf, Download 21.12.2011.)

Picot, Sibylle. »Lebensphasen und Engagement im Spiegel der Geschlechterdifferenz«. In: *Engagement – Arbeit – Zeit. Freiwilliges Engagement und Erwerbsarbeit. Fachtagungsdokumentation vom 30. November 2010.* Hrsg. Institut für Sozialarbeit und Sozialpädagogik. 3 2011. 75–91. (Auch online unter www.iss-ffm.de/index. php?eID=tx_nawsecuredl&u=61&file=fileadmin/user_upload/ Veroeffentlichungen/ISS_aktuell/iss_doku_freiwilligensurvey_ screen_rz.pdf&t=1324543322&hash=e590c47d8dda14a2c6ef43718 cbc5825, Download 21.12.2011.)

Picot, Sibylle und Michaela Willert. »Politik per Klick. Internet und Engagement Jugendlicher – 20 Portraits«. In: *Jugend 2002. Zwischen pragmatischem Idealismus und robustem Materialismus.* Hrsg. Shell Deutschland Holding GmbH. Frankfurt am Main 2002. 53–128.

Picot, Sibylle und Michaela Willert. »Jugend in einer alternden Gesellschaft. Die Qualitative Studie: Analyse und Portraits«. In: *Jugend 2006. Eine pragmatische Generation unter Druck*. Hrsg. Shell Deutschland Holding GmbH. Frankfurt am Main 2006. 241–442.

Picot, Sibylle und Sabine Geiss. *Freiwilliges Engagement Jugendlicher. Daten und Fakten. Expertise zum Carl Bertelsmann-Preis 2007*. Gütersloh 2007. (Auch online unter www.bertelsmann-stiftung.de/cps/rde/xbcr/SID-DA14691C-BD1241FF/bst/Expertise_PicotGeiss.pdf, Download 20.12.2011.)

Priller, Eckhard. »Dynamik, Struktur und Wandel der Engagementforschung: Rückblick, Tendenzen und Anforderungen«. In: *Zivilengagement. Herausforderungen für Gesellschaft, Politik und Wissenschaft*. Hrsg. Eckhard Priller, Mareike Alscher, Dietmar Dathe und Rudolf Speth. Philanthropie, Band 2. Berlin 2011. 11–40.

Rosenbladt, Bernhard von. *Freiwilliges Engagement in Deutschland – Freiwilligensurvey 1999 – Ergebnisse der Repräsentativerhebung zu Ehrenamt, Freiwilligenarbeit und bürgerschaftlichem Engagement*. Stuttgart, Berlin und Köln 2001.

Schneekloth, Ulrich. »Jugend und Politik: Aktuelle Entwicklungstrends und Perspektiven«. In: Jugend 2010. *Eine pragmatische Generation behauptet sich*. Hrsg. Shell Deutschland Holding GmbH. Frankfurt am Main 2010. 129–164.

Shell Deutschland Holding GmbH (Hrsg.). *Jugend 2002. Zwischen pragmatischem Idealismus und robustem Materialismus*. Frankfurt am Main 2002.

Shell Deutschland Holding GmbH (Hrsg.). *Jugend 2006. Eine pragmatische Generation unter Druck*. Frankfurt am Main 2006.

Shell Deutschland Holding GmbH (Hrsg.). *Jugend 2010. Eine pragmatische Generation behauptet sich*. Frankfurt am Main 2010.

Silbereisen, Rainer, Laszlo Vaskovic und Jürgen Zinnecker (Hrsg.). *Jungsein in Deutschland*. Opladen 1996.

Statistisches Bundesamt. *Datenreport 2011*, Sozialbericht für Deutschland, Kapitel 2. Bundeszentrale für politische Bildung, Berlin 2011. (Auch online unter www.destatis.de/DE/Publikationen/Datenreport/Downloads/Datenreport2011Kap2.pdf?_blob=publicationFile)

Stiftung Zentrum für Türkeistudien, Halm, Dirk, und Martina Sauer. *Freiwilliges Engagement von Türkinnen und Türken in Deutschland.* Projekt im Auftrag des BMFSFJ. Essen 2005. (Auch online unter www.bmfsfj.de/Publikationen/engagementtuerkisch/01-Redaktion/PDF-Anlagen/gesamtdownload,property=pdf, Download 20.12.2011.)

WZB – Wissenschaftszentrum Berlin für Sozialforschung. Projektgruppe Zivilengagement: Alscher, Mareike, Dietmar Dathe, Eckhard Priller und Rudolf Speth. *Bericht zur Lage und zu den Perspektiven des bürgerschaftlichen Engagements in Deutschland.* Hrsg. BMFSFJ. Berlin 2009.